# 商いの神さまに後押しされる生き方

神吉武司

# 良い人生を送るために

良い人生を送りたいと私は思ってきました。二十三歳のとき、十八歳の弟秀次とともに会社を起こし、社員を二人雇いました。菓子卸の店を成功させるのは簡単でないことはもちろんわかっていましたが、うまく行かせることはできると思っていました。

まだ若く、経験も浅い私でしたが、会社を立ち上げれば、何とかやっていけるという甘い気持ちはありませんでした。運に恵まれれば儲けることができるなどとも思いませんでした。その前の八年余りの間、私はお菓子メーカーに六年余勤務し、二年ほど菓子卸の会社で働いていたこともあり、浮ついた考えはみじんも持っていなかったのです。

良い人生とは、良く生きるとはどういうことでしょうか。それはやりがいのある仕事に取り組むこと、目標を持ち、目標に向かって自分の力を尽くすことでしょう。自分のできることで社会に貢献し、家族をつくり、守ること、両親や先祖、周囲の人々に恥じない正しい生き方をすることでしょう。

会社を起こしたことで、私には従業員を守らなければならないという責務が生じました。重大な責務です。新前《しんまえ》の、若い経営者だからと言って、従業員の生活を脅かすようなことは決してあってはなりません。

しかし創業したての私たちにはお金もなく、お客様もまだないゼロスタートですから、安定した売上を上げられるだけの力はありません。それでもやると決めた以上、少しでも早く安定した売上を上げていこうと思いました。

私たちの会社は中小企業です。日本の会社というと有名な大企業しか思い浮かばない人が多いでしょう。しかし日本の会社の九九・七％は中小企業です。最近はマスコミでもよく取り上げるのでおわかりの方が多いと思いますが、日本の中小企業は優秀です。世界に知られる日本の大企業を支えているのは中小企業なのです。

ただ、人材面でも資本面でも大企業にかなわない中小企業は、一般的にどうしても不安定さがつきまといます。実際、中小企業はよく潰れます。今、赤字に喘いでいる企業は景気の波によって、息を吹き返したように見えることもありますが、決して長続きはしません。下位に低迷している企業は、十年後には消えてしまっていることが多いのです。

好景気に恵まれず不運だと嘆くばかりの中小企業経営者は、結局生き残ることはできません。会社を起こす者は、不景気であっても利益を上げていけるような会社をつくらなければなりません。

初めの五年間、私たちは午前五時という早朝から店を開き、年中無休で働きました。早朝開店、休日営業は、お金も力もなく、経験も浅い、無力な私たちにとって、それを補う大きな力になったと思います。

私たちはよそ様よりよく働き、お客様が取引しやすく、お客様の売上、利益の向上にも貢献できるような対応、サービス、工夫、仕組みづくりに努め、私たち自身良い会社になるという目標に向かって邁進してきました。

会社は世の中の役に立つ存在でなければなりません。お菓子の流通販売を通して、公正な商売によって社会に貢献し、利益を上げ、税金をより多く納めることで社会に貢献し、会社を担ってくれる全社員とその家族が幸せになれるよう努めてきました。

そのために私がしてきたこと、守ってきたことを、お話ししたいと思います。愚直といわれるかもしれませんが、長い時間をかけて愚直に取り組めば、みなさんもきっと目標に到達し、幸せになれると思います。

株式会社吉寿屋《よしや》会長　神吉武司

もくじ

## 第2章

## 第3章　ご先祖様のおかげで私がある　97

# 第1章

# 良い仕事良い人生

# 生まれてから今までに苦労したことは一度もない

菓子卸開業の前に、私はお菓子店を開いています。大阪市東淀川区の公設市場の中にお店を構えました。その翌年、取引先の菓子問屋から「店を引き継いでほしい」というお話があり、改めて天満卸売市場の一角に、お菓子の卸売店を創業することになりました。

私は自分の会社を始め、日々仕事に打ち込むようになって、自分の力を尽くし、すべきことをしてきました。実は会社が赤字に陥ることは一度もなかったのですが、それでも経営を安定させ、将来への布石もできる限り行なってきて、少なくともいい会社を作り上げることができるようになったとの満足感はあります。

ゼロからの出発でここまで築き上げてきたことに、「たいへんなご苦労だったでしょう」と言ってくれる方も少なくありません。しかし私は、今までに一度でも苦労したという自覚はないのです。

「苦労」は苦しいと書きます。苦労し、苦しむことを我慢すれば、良い結果がもたらされるというのは、笑って、楽しんでやることにある種の罪悪感を覚える考え方が、かつては根強くあったからでしょうか。

しかし今やっていることが苦労と思ったら、どんな仕事であれ、あまり良い結果にはならないと思います。苦労は苦労です。苦しいことは誰しも早く通り過ぎてしまいたいと思うでしょう。なぜ苦労しなければならないか。目的があり、自分が望む成果を得るための仕事だとしたら、一つひとつのことに心を込めて、ていねいに取り組むでしょう。それは苦労とは違う。

今、行なっているすべてのことが、苦労ではなく努力であると考えてはどうでしょうか。たとえば業界で働き始めた頃、私は先輩社員のように要領よく、てきぱきとはできませんでした。私は早く仕事を覚え、そのための技術をしっかり身につけようとしました。努力して一人前の仕事ができるようになれば、それは喜びです。

私は会社の営業を成り立たせる売上を立て、利益を上げるため、利益を継続させるためにどうすればいいか考えました。そして、よそより早く仕事を始め、よそよりたくさん仕事をしようと決めたのです。

私たちは朝の五時から店を開けました。市場の朝が早いとはいえ、さすがに五時にはお客様は来ません。注文の電話もかかってきません。それでも六時にお客様が来れば、それまでにきれいに掃除をして、メーカーからの段ボール箱から商品を出して、棚に整理して、仕入れに来た小売店のお客様を待たせることなく、迎えることができます。

そのうちに他店がどこも開いていない時間に一店だけ開いているのを見て、店に入ってくるお客様があり、そういうお客様が次第に増えてきました。早くから自分の店を開けたい事情のあるお客様もいらっしゃいます。早朝から開けてなければあきらめて帰ってしまうところです。

五時から開いている店があるという口コミの情報が広がり、そんなお客様がぽつぽつ訪ねてくれるようになって、お店は早い時間から賑わうようになりました。

早くから働いたおかげで、もし店を早く開けていなかったら逃したに違いないお客様を得ることができたのです。よそのお店が開いていない時間だから、一度訪ねてくれたお客様はご贔屓にしてくれるようになります。

そんな早くから働かなくても、と思う方もいるかもしれません。しかし、もし私たちが他のお店と同じ時間に同じように開店していたら、当店を知らないお客様にお取引いただく機会は著しく狭められたに違いありません。

朝早くから営業したいというお客様のニーズにも気づかず、応えるチャンスも永遠に失われたかもしれません。

良い結果を得るために行なうのは努力、努力することに苦労を感じる必要はない。

苦痛に耐えて苦労するより
前向きの努力をするほうが結果も良い。

# 人生で大切な一日に、今日という日がある

すべての人にとって、今日という日があります。今日という日は、人それぞれ、良い日かもしれない、悪い日かもしれない。でも人は、その今日という日を自分の力で良い日にも悪い日にもできる、と思うのです。

今日という日は、あなた次第で、いちばん楽しい日になります。あなた次第で一番苦しい日になるかもしれない。あくまでもそれは、あなた次第でということで、今日一日はどちらにもなり得るのです。

あなたはそう思わなくても、毎日毎日、その日その日はとても大切な時間です。今日一日どう生きるかによって人生はまるで変わってしまうからです。

人生はあなたがどう生きるかであり、あなたのコントロールを離れた、運だ

とか偶然の成り行きは関係ありません。

運勢が良くても、あなたの生き方がいい加減なら運は実を結ぶことなく逃げていくでしょうし、星の巡りが悪いときも、良い生き方をしていれば何も恐れるものはない。

だからこそ、今日を自分が何の恥じることもなく、自分が正しいと思うように、自分がしたいと思うように生きていい。というより、堂々と、そうやって生きるべきです。

私は、良い仕事をし、良い会社をつくるために、自分がよりよく生きるために、次の五つのことを心がけてきました。

①親孝行　②掃除　③早起き　④施し　⑤発する言葉

これらはみな、私の会社経営の基本になっていることです。こんな当たり前のことで、売上を上げていくことなどできるはずがない、と思う方もいるかもしれません。

もちろん、物を売っていくためには、いろいろと考え、講じなければならない方法、戦略があります。しかし画期的な戦略を行なうにしても、その大本となり、外してはならない基本があります。これはそうしたものです。

親の恩を忘れず孝行に励むことで、人はまず自分が人に支えられていることを知ります。親に少しでも多く幸せになってもらう一方で、多くの支えられている人々、お客様や社員たちへのあり方を深く考える糸口にもなります。

この五つのどれも、人間として正しく生き、成長するための貴重な「気づき」を与えてくれます。それは生き方の指針であると同時に、私の経営姿勢の原点となっています。その一つひとつが、私に経営を深く考えさせる動機となり、新たなヒント・アイデア、判断力を与えてくれます。

私は若い頃からずっと五つのことを心がけ、正しく向かい合い、実行することに腐心してきました。私たちの前にはいつも今日があります。今日をどう生きるかが明日の私、何日、何年後かの私に返ってきます。

今日という日は、
長い人生の中に一日しかない貴重な日、
この一日をどう過ごすかで
人生が変わるかもしれない。

人生とはつねに「今」を生きること。
だから、今を、今日を大切にして心を込め、正しく生きよう。

## 会長は五時出社、社長は四時出社

私たちは、他人より早く仕事を始め、他人より多く仕事をすることでお客様に来ていただけるようになりました。考えてみれば、これほどわかりやすい理屈もないでしょう。

「それはたまたまお菓子業界のニーズに合ったからではないか」と言う方もあるでしょう。「早朝からたくさん仕事をしようとしても、仕事自体がうまく取れない会社もある」と。そうかもしれません。

ただ私たちが、他社の多くが見逃していた、隠れたニーズを掘り起こしたことは確かです。他社がその大きなニーズを見つけようとしなかったことも確かです。私たちはよそより早く動き出し、たくさん働き、よそが休んでいる休日も営業することで、新しい鉱脈を発見し掘り起こしたのです。

それだけではありません。私たちは、早起きをし、徹底的に掃除し、整理整頓するという、いわば当たり前のことに一生懸命取り組み、日々続けていく中で、これらのことが商売の根幹に関わる重要なことであることを深く認識させられました。そして同時に、その真剣な取り組み、経験の中に、良い商売、正しい商売、利益が上がる商売を行なうための重要なノウハウ、技術、知恵についてのさまざまなヒント、発見を得、学ぶことができました。

前項で触れたように、お客様をお迎えするには、来店時間に店を開けたのでは間に合いません。十分な準備をして、お客様を待たせることなく、的確に対応しなければなりません。

早起きにはいろいろなメリットがあります。他より早く店を開け、早く準備を整えることでビジネスチャンスを摑むこともその大きな一つです。

現在、会長である私は朝五時に出社しています。社長である弟の秀次は四時の出社です。

早朝出社をしている経営者は私たちだけではありません。一代で東証一部上場を果たした創業経営者にも、早朝出社をしている方はたくさんいます。たとえば、イエローハットの鍵山秀三郎相談役、日本電産の永守重信社長、ファーストリテイリングの柳井正社長、ワタミの渡邉美樹社長、楽天の三木谷浩史社長などはみな、早朝出社です。京セラの稲盛和夫名誉会長も、現役時代は午前三時に出ていたと聞きます。

始業時間が八時か九時の会社で経営者が七時までに会社に出て仕事をしている会社の倒産「〇」という調査会社のデータがあります。経営者が社員に率先して早く出社し仕事をするということは、それだけ現場の空気を引き締め、社員のやる気を引き出し、良い結果を生むことになるのです。経営者はまず、一番早く仕事を始める人になることです。

## 経営者が朝早くから働く――
## それが良い会社を実現する第一歩である。

人より早く起き、多く働くほど、
深く仕事を理解できるようになる。
人さまによく働いてもらうこともできるようになる。

# 早朝ほどいい仕事ができる時間はない

現在私は、大阪市内の東淀川区の自宅から、摂津市鳥飼の本社・流通センターまで車で通勤しています。朝の四時台に自宅を出ると、十五分以内に着きますが、これが七時台になると通勤ラッシュと重なって、三十五分以上かかってしまいます。その差二十分、二倍以上です。八時台以降になると道路はもっと混み、時間もずっと多くかかります。

この二十分は、四時台に家を出る人にはムダな時間、無意味なロスとしか映りません。しかし七時台に出る人は案外、二十分程度の遅れは仕方のないことと思っているかもしれません。むしろ三時間早く家を出ることのほうがずっと大変だと思っているからでしょう。

でも、三時間遅く出ればよかったはずが、それより二十分早く出なければ間に合わないわけですから、少しでも寝ていたい人にはつらい話です。逆に言えば、三時間早く仕事を始めるには、二時間四十分早く起きればいいので、実質は楽になります。

しかもその二十分は、渋滞に巻き込まれ、ノロノロ運転を強いられ、動けずに待たされてイライラする時間です。仕事以上に疲れ、ストレスにもなるマイナスの時間です。当然仕事にも悪影響を及ぼすでしょう。

商品を配送するドライバーにとっては、さらに重大です。六時にスタートすれば、ふつうの会社で配送が始まる前にひと仕事できます。一般の時間内より密度の濃い仕事ができるでしょう。しかも渋滞がない時間はほとんど待つことなく、最適スピードで気持ちよく運転でき、事故を起こす可能性はぐんと減ります。ガソリンの効率もいい。

一日に何回も配送するドライバーにとって、渋滞は避けられません。時間帯によってはスムーズなときの二倍も三倍も時間がかかり、さらに交通事故など不測の事態となれば、いったいどれほど足止めされるのか読めなくなります。それだけに早朝を利用するかしないかの差は、その仕事全体の成果を大きく左右することになるのです。

人間の体は自然を恵みとしています。酸素に満ちた朝の空気を呼吸することで、健康が保たれます。自分の状態がいいときに仕事をすれば、体も自然に動き、頭の回転も良くなります。

他の会社が動いていない早朝は、最も仕事に集中できる環境にあります。八時三十分〜九時に始まる就業時間中は、取引先などから頻繁に電話がかかってきます。来客もあるでしょう。重要な仕事をしている人ほど、そうした外部への対応を避けることはできません。が、早朝ならまったく対応しなくてすむのです。いつも私たちは、早朝の清々しい時間に、心おきなく会社の重要な仕事に取り組みます。仕事は会社にとっていちばん大事な行為ですから、多くの仕事はまとまった時間に集中的にすることが最も望ましい。

朝は人間がいちばん前向きになる時間です。頭もすっきりしているから、今すべきこと、考えておくべきことがバランスよく把握できます。課題に対して、アイデアが生まれやすい状態にあります。洞察力、判断力が高まることの時間を十分に駆使することが、仕事にも人生にも成功する基本になります。

早起きが習慣になると、朝はすっきり目覚め、夜もよく眠れるようになります。早起きの人に不眠症はありません。たまに少しぐらい寝不足になっても、起きるのを遅らせて睡眠時間を補うよりは、いつもと同じ時刻に起きて動き始めるほうが体内のリズムを崩さないので、健康によいのです。

人間がいちばん熟睡できるゴールデンアワーは、午後十時から午前三時と言われます。早寝早起きの人はそれだけ睡眠の質が高くなるのです。百歳を超えてなお活発に良い仕事をされている聖路加国際病院名誉院長の日野原重明さんは、九十六歳まで四時間半の睡眠で、朝暗いうちから原稿を書いたりもします。今は五時間に増やしているそうですが、短熟睡眠で長時間、密度の濃い仕事をされ、好奇心も旺盛で新しい挑戦もされています。

一日は二十四時間。ふつうの人より一時間早く起きると一年で三六五時間、十年で三六五〇時間、四十年では一万四六〇〇時間になります。一日八時間仕事をするとして、一八二五日分にもなります。二時間ならその倍、四時間なら七三〇〇日、ふつうの人（一ヵ月二〇日×一年十二ヵ月＝二四〇日）の三十年分以上（七三〇〇÷二四〇＝三〇・四二）にもなります。寝床にいる時間が短い人ほど良い人生が送れると私は思います。私は七時三十分に起きている人とは四時間の差があります。それが毎日積み重ねられるのです。

早起きして仕事することの爽快感、充実感は経験してみないことにはわからないかもしれません。そしてこれは習慣とし、五年十年と続けることによってはじめて、はっきりとした成果になって表れます。私は自信をもってお勧めします。良い人生を送りたい人は早起きを始め、続けてください。

# 毎日の早起きは、積もり積もって
# 容易に超えがたい大きな成果をもたらす。

早朝から心を込めて仕事に専心してみよう。
あなたは自分の能力がこれほどあったことを
初めて発見するだろう。

## 五年間休日を返上する

ゼロからスタートして、少しでも早く卸売店として一人前の売上を上げ、利益を上げて、社員の待遇も人並み以上にしていきたいと私は考えていました。まだ顧客もなく、名も知られていない小さな会社ですから、よそと同じようにやっていては、私の望みをかなえるどころか、何もできないまま店を閉めなければいけなくなります。

その基本はより多く働くことです。新しい顧客を獲得するための戦略も立てる必要がありますが、机上の議論に時間を費やすより、まずできることをどんどんやっていかなければ一歩も先へ進めません。商店が初めにしなければいけないのはお客様を迎える準備です。

開店当初はあり余るほどの時間がありますが、やらなければいけない仕事もいくらでもあるのです。私たちは他店より三時間早く仕事を始め、その分たくさんの仕事をすることで追いつこうとしていました。しかしそれだけでは足りない、とも私は考えていました。

すでに顧客を獲得して商売をしている先輩店に伍してやっていくためには、他社がまったく営業していない休日、日曜日や祝日にも働かなければいけないと思ったのです。

他社より三時間早く店を開けることで、一週間で十八時間、一ヵ月七十二時間、これは一般の一日八時間に換算すると九日間に相当します。それを一年間続ければ一〇八日分多く働くことになります。

さらに休日を返上して働けば、一ヵ月で四日、一年で四十八日多くなりますが、これに早朝三時間分一四四時間を加えると、八時間換算で+十八日にのぼり、六十六日余分に働くことができます。これを五年間続けると、三三

○日分です。細かい計算をしてみると、五年間の休日返上により一年分の経常利益が出ることがわかりました。

私は五年間休日を返上することを決めました。日曜日・祝日、問屋はどこも休みですが、小売店は営業しています。お店にとって日曜日に卸が店を開けているのは何かと好都合でしょう。

日曜日を有効に生かすために、私たちは三人ほどのグループを組んで小売店を回り、新規取引をお願いしました。私と弟が営業マンに同行すると、取引に応じてくれる店が増え始めます。当時取引させてもらえるようになったお店は、今も大量の取引をしてくれるお得意様になっています。本当にありがたいことです。

五年間の休日返上により、一年分の経常利益が手元に残りました。私はこれを充てて、大阪市東淀川区に商品倉庫（第一配送センター）を建設しました。会社は一つ成長することになりました。

休日を返上してまで働くことに抵抗を覚える人も多いと思います。しかし創業間もない無名で無力な会社が経営を安定させるためには、他人と同じことをしていては、いつまでもうだつが上がりません。

早朝に店を訪ねてくれたお客様も、休日の営業回りで新規の取引に応じてくれたお客様も、みな素晴らしいお得意様となり、当社の宝となっています。早朝開店、休日返上をしなかったら失われたチャンスになったかもしれないのです。

新しい店は特に、他店とは違う、お客様に選んでもらえるような魅力をもたなければなりません。私たちは早朝からの営業によって新規顧客を獲得し、休日営業によって顧客開拓を成功させたのです。少し経営が安定した吉寿屋《よしや》は、五年間経って休日営業をやめています。

しかし、日曜日も働いているお客様と接し、お取引いただく中で、私はお客様をよりよく知り、貴重な経験を積めたと感じています。

# 人が働いていない時間に働くことは逆転の発想につながる。それは未知の世界をかいま見せる扉を開く。

菓子問屋は小売店の休日の顔を知らない。当たり前のように見逃している中に大切なヒントが隠れているかもしれない。

## 早起きすれば良いことがたくさんある

早起きを七年以上続けると神さま仏さまが後押しをしてくれます。つまり良いことばかりが起きるようになります。そして早起きを二十年間継続するとものすごいことが起きます。これは五十年以上早起きを続けてきた私の経験による実感です。

早起きして一生懸命仕事をすれば寝るのも早くなり、毎日早寝早起きしている人は健康になります。体調を崩して遅刻したり、欠勤することも少なくなります。

早朝から仕事をすれば残業が減り、早く家に帰れるので、家庭団欒の時間も増えます。夫婦や親子の関係も良くなるでしょう。

　わが社には自発的に朝早く出てきて仕事の準備に取りかかる社員がいます。人より努力して万端の準備で仕事に力を尽くすのですから成績優秀です。課長や部長への出世も早く、給料もそれだけ高くなります。

　先ほど配送のドライバーの話をしました。わが社では二トン車で一日に多いときには四回、お得意先に商品を配送しています。

　トラックは、摂津、堺、京都の三ヵ所の流通センターで合計二十台が毎日走っていますが、創業以来、運送中の交通死亡事故はゼロ、事故自体ほとんどありません。

　ドライバーも早朝から仕事をしますが、夜遅くまで運転することはなく、早寝早起きです。

　朝の太陽光は活動のスイッチを入れるとのことで、熟睡して目覚めもすっきりしているので運転に集中できます。夜更しをしないので家庭も円満で、安定した精神状態も運転にプラス。

私は時々、神さまのような大きな存在に後押しされているのでは、と感じることがあります。信じられないような幸運を何度も体験してきました。その代表的な二つの例をお話しします。

あるとき、取引銀行の住友銀行（現三井住友ホールディングス）天六支店の法人部長から電話がありました。

「心斎橋筋に売り出されている物件があります。購入されませんか」

私は驚きました。

心斎橋筋といえば、大阪最大のショッピング通りのあるところで、わが社のような中小企業にはなかなか手の届かない土地です。耳を疑いながらも、できるなら是が非でもほしい物件だと思いました。

人通りの多い心斎橋筋で直営の菓子店を始めれば、相当の投資をしても絶対に元が取れると確信し、「すぐにでも買いたいので、よろしくお願いします」と返事をしました。

以前から取引のある不動産会社の社長が交渉に乗り出してくれたのですが、この物件にはもう一社、買いたいという相手がありました。大手テイクアウトチェーンで、こちらよりも高値を提示しています。

私は弟と検討して、「ぎりぎり三億二千万円」を提示しましたが、相手の提示額はそれより上でした。それ以上額を増やすことはできず、あとは住友銀行の法人部長と不動産会社の社長にお任せするしかありませんでした。

ところが、お二人の粘り強い交渉が功を奏し、土地を持っていた一部上場の会社が「吉寿屋《よしや》に売ってもいい」と言ってくれたのです。

私はお二人に心から感謝するとともに、ふつうにはあり得ない展開を不思議に思い、目に見えない大きな力が恵んでくれた幸運をありがたくいただきました。

「おかしのデパートよしや」心斎橋店がオープンしたのは平成十年、以来年間約四億円を売り上げ、お菓子の専門店では日本一の売上高ではないかと思っています。

もう一つ、神さまの大きなプレゼントがあります。京都四条河原町の交差点を東へ行った南側、高瀬川にかかる四条小橋西詰めのところに、六十平米ほどの建屋がありました。

平成十五年一月に、知り合いの社長から「買いませんか」と声をかけられたのですが、よく調べてみると、土地の持ち主がバブルで失敗し、銀行の抵当に入るなど権利関係が複雑でした。また、直営店にするには土地も狭すぎました。

最初は断りましたが、社長は「こんな物件は二度と出ません」と熱心に勧めてくれます。たしかに、京都でも屈指の繁華な地です。今ひとつ気が進まなかったものの、購入に踏み切り、小さな菓子店を建てました。実際、この手狭な小店は繁盛しました。さすが四条河原町です。年間六百万円ほどの利益を上げています。

しかし幸運の女神に微笑まれるのはここからでした。二年ほどしてのことです。隣の携帯電話ショップが入った建物の地主が森永製菓様であることがわかったのです。同じ小さなビルですが、合わせれば百二十平米ほどのビルになります。もし手に入れることができれば、大きなチャンス、大きな幸運です。社長が、森永製菓様に「ぜひ私どもに売っていただきますよう」とお願いし、幸い良いお返事をいただきました。私は即座に購入の手続きを取りました。

七階建ての自社ビルに建て替え、一階は直営店舗にし、二階から七階まではテナントを募集しました。今では、店の売上と家賃で、年間五千万円の利益を上げています。

「大阪の心斎橋店と京都の四条河原町店は、三百年先まで絶対に担保に入れてはならない」。

これはわが社の社訓の一つです。

心がすさみ、生活が荒れているとき、
幸運は決して訪れない。
人間の意思では引き寄せられない
一生の大きな幸運には
神さまの大きな意思が働いていると感じられる。

早起きして勤勉に働き続けることは、自分自身が乗っている流れを変える。充実するほど、良い方向へと導く力が見えてくる。

## 掃除と整理整頓が仕事の質を高める

店を開けるとき、私たちが初めにすることは、店内の掃除や商品の整理整頓です。お菓子という食べ物を扱う会社ですから、店内が清潔でないと失格です。隅々まで神経をめぐらせて、フロアにチリ一つないように、しっかりと掃除をします。

掃除が行き届いているかどうかは、外から入ってきたお客様にはすぐわかるものです。床などのちょっとした汚れにお客様は敏感です。きれいに掃除されている店内は、それだけでお客様の見る目が違ってきます。

きちんと掃除すると空気がきれいになります。空気がきれいになると清々しい気分になり、考え方も頭も何もかも良くなります。社内の雰囲気が良くなり、会社が良くなります。

倉庫では、メーカーから送られてくる段ボール箱に入った商品を棚に整理整頓します。お客様から注文があったときに、どこに何があるか頭の中で整理されていないと、すぐに取り出すことができません。

どう整理すればわかりやすいか、どのように収めれば取り出しやすいか、間違いなく選び出し、速やかに出庫しトラックに積めるようにするにはどうしたらいいかを、つねに考えた整理がされていなければなりません。これは経験の積み重ねによってルール化されているところですが、携わる各自が必ず把握していることでもあります。

毎朝、仕入れた商品を整理し、出荷の準備をしていると、どういう商品が売れていて、どういう商品が売れていないかがわかるようになります。それをもとに、「最近はこのお菓子が売れ筋です」などと、仕入れに来られたお客様に情報を伝えます。

メーカーからの受け売りでなく、私が毎朝、商品に触れてつかんだ生の情報ですから、消費者の嗜好傾向が反映されていることが多く、「おかげでよく売れたよ」と小売店から感謝されることがしばしばあります。

掃除と整理整頓を毎日きちんとやることで、日々の仕事は確実になり、スムーズで能率が上がります。うっかりミスなどが減り、集中して充実した仕事ができます。

使いやすく整理整頓された棚などは、悪意でもない限り乱雑にはなりにくくなります。つねに整理整頓されていれば、使いやすく維持するのが容易です。もっと使いやすくする工夫も生まれてきます。

家でも会社でも、掃除や整理整頓は、日常欠かさず行なうことです。掃除を怠り、整理整頓を蔑《ないがし》ろにしていると、掃除も整理整頓もますます億劫になります。そしてついには自分一人では掃除も片付けもできなくなってしまいます。そうしているうちに運はどんどん逃げていきます。

# 掃除の行き届いた空間は頭脳をクリアにし、整理された戸棚は集中力を高める。

仕事も人生も、きれいで整った環境を好む。
そして大切なのは自分の手で整えることである。

## あなたはトイレ掃除ができますか

パナソニックの創業者・松下幸之助さんは、年末の大掃除のときに、「掃除が終わりました」と部下が報告すると、「ああ、そうか」と言って、いちばん最初にトイレを見に行ったそうです。そこでトイレが汚れていると、「掃除ができてないじゃないか」と幸之助さん自ら雑巾を持って、部下の前で念入りにトイレ掃除をするというのです。それを見て部下も一緒になってトイレ掃除をする。まだ水洗トイレのない時代です。幸之助さんは自ら率先することで、部下の掃除に魂を叩き込んでいったわけです。

イエローハット創業者、私がいちばん尊敬する鍵山秀三郎相談役は、毎朝トイレの掃除をしていました。はいつくばって汚れた便器を素手で洗うのです。その姿を見て感動しない人はいません。部下は自然に身を入れて掃除をするようになります。

大経営者と言われるような人たちの多くが、朝四時という早朝出勤をし、毎朝自ら掃除をしています。

私は松下さんなどの一流経営者のことを知って大きな刺激を受けました。会社を始めたとき、朝早く出勤し、念入りに掃除することは私の重要な日課になったのです。もちろんトイレ掃除は重要ポイントです。

私は、まだお客様が来ない早朝に、倉庫を徹底的に磨きあげました。一年、二年と続けていくうちに、お得意先が目立って増え始め、売上も右肩上がり、利益率も良くなってきました。

それまで漠然と良い会社にするためと思ってやってきた「掃除」が明確に具体的な効果を上げてきたことに少し驚き、その重要性、仕事、営業への重要性を再認識させられたのです。(トイレ掃除が本格的になったのは、平成元

年頃からです）

「トイレがきれいな店でつぶれたところは少ないと思います」

全国の菓子業界を専門に歩いている大手食品新聞のベテラン記者が教えてくれました。その記者は、店を訪れるとまずトイレを借り、きれいに清掃されているかどうかで店の業績を判断するといいます。トイレがきれいだと店内の清掃が行き届き、商品の整理整頓もきちんとできているというのです。そういう店なら、二階や奥にある事務所の清掃、整理整頓も行き届いている。トイレの清掃一つから、その店、その会社の清掃に対する意識が読み取れるということでした。

多くの企業を見てきた金融のプロである銀行員からは、「倒産した会社には共通点がある」という声が聞こえます。会社が汚い。駐車場が汚れている。トイレが汚れている。オフィスが汚れていて、整理整頓が行き届いていない……、倒産した会社は例外なく掃除ができていず、汚いというのです。

あるベテラン経営コンサルタントはこうも話しています。

「店や事務所が急に汚くなり、経営者の机の上が乱雑になると要注意です」

資金繰りや手形の決済に追われ始めると、経営者も精神的に余裕がなくなり、掃除、整理整頓にまで気が回らなくなる。そんな兆候が見えたら、早めに対応しないと危ないというのです。

これは他人事ではありません。わが社の取引先は、おかげさまで安定した商売をされているところばかりですが、まれに「だいじょうぶやろか？」と不安になるお客様もいます。

私も、新しく取引させていただく会社を訪ねた折には、掃除の具合をチェックするのが習わしになりました。応接室のテーブルの灰皿に吸い殻が残ったままになっていたり、使わせてもらったトイレが汚い、廊下の隅にホコリがたまっている、これらは要注意の信号です。取引には慎重を期する必要があります。

営業担当社員にも、取引先の掃除の状態をチェックするように指示しています。たとえばこんなやりとりがあります。

「店は掃除が行き届いていたか？」

「事務所はきれいで、机の上は整理整頓されていたか？」

営業担当者は、「特別にきれいとか、整理整頓がきちんとできていたという印象ではありません」、または、「応接間の灰皿が吸い殻で山盛りになっていました」などと、自分の目で見てきたことを詳細に報告します。

今では、私が質問をしなくても、「会長、あの店は掃除がなっていません」などと、営業担当者のほうから情報を入れてくれるようになりました。そうした情報は新規の取引や、取引の継続などを判断する際の材料になります。トイレをはじめとする会社の掃除をきちんとやるか、蔑ろにするかで、会社は素晴らしく良くなりもし、経営を危うくもします。存亡に関わる基本的条件とさえ言えるのです。

経営者が真剣に
会社の清掃に取り組む会社は強い。
それは会社を良くし、
社員一人ひとりを強くするからだ。

伝説の名経営者がはいつくばって、素手でトイレを
掃除する姿ほど感動的なものはない。

## 掃除パワーが会社を救う

掃除の大切さは、どこの会社でも謳っています。「耳にたこができている」とぼやく読者もいるかもしれません。実際、壁に「職場を清潔に」「整理整頓」と大書した貼り紙は、私も方々で目にします。それにもかかわらず、掃除に及第点を上げられる職場はそれほど多いとは言えないのが現状です。

その理由は、まず唱えているほど掃除の大切さにみんなが気づいていないことでしょう。貼り紙を何十枚貼っても、社長が社員に「掃除をしよう」と何百回訴えても効果は望み薄です。社員は言われたとおり掃除はしても、親身になってきれいにしようとはしません。通り一遍道具を動かしただけでは職場はきれいになりません。

気がついていないのは経営者も一緒です。社員に掃除を呼びかけただけで、社員が義務的に掃除をしているのを見ただけで満足してしまう。経営者自身に自らきれいにしようという気がなく、本当にきれいにするにはどうしたらいいかを考えていません。

掃除はりっぱな仕事です。お客様が来たとき、きれいで整理整頓されていると感じるか、見た目に汚く、乱雑な印象かによって、お客様の評価はまるで違い、大事な受注や話し合いに大きく影響します。仕事の環境としても、天と地ほど違えば、能率にも士気にも関わってくるでしょう。

本当にきれいにしたければ、まず経営者が手本を示すことです。社長がモップや雑巾を手にして、床にはいつくばるようにして黙々と掃除を続けていれば、その姿を目《ま》の当たりにした社員は、それだけで自主的に掃除をするようになります。

大事なのはこの自主性です。業務だから仕方なくやる、形ばかりの掃除では、本当にきれいにはなりません。自主的に掃除すれば、きれいにしようという思いが強まります。初めは足りなくても心を込め、ベストを尽くします。一生懸命掃除するうちに、きれいにすることがどういうことかわかってきます。用具を使いこなせるようになり、もっときれいにしたいと工夫を凝らすようになります。これは本業としての仕事に通じます。

そうして会社はどんどん美しくなり、確実に良くなります。

わが社にはフランチャイズ店がありますが、一店一店の業績にばらつきが出ることがあります。業績の悪くなった場合は、店長が率先して朝早く店に出てくること、店の掃除を徹底して続けることを指示しています。店長のなかには、朝礼で「これからは毎朝掃除をしましょう」と呼びかけるだけで済ませようとする者もいますが、それでは効果が薄れます。必ず店長自身が便器にはいつくばってトイレ掃除をするなど率先垂範することが肝心です。店のトップが先頭を切ってモップやほうき、雑巾を持ち、掃除しなければ、部下に掃除への熱意を沸き立たせることはできません。

最近私は、中小企業経営者、小売店主、料理店の女将などいろいろな人から相談を持ちかけられるようになりました。その内容の多くは、「業績が伸びない」「売上が落ちた」「お客様が減っている」という問題をかかえているが、どうしたらよいかというものです。

そこで私は質問します。「トイレはきれいですか?」「トイレは臭いませんか?」と。

すると、私が想像したとおりの答えが返ってきます。たいていは掃除ができていない。通り一遍で終わっている場合がほとんどです。

ある料亭の場合、店のトイレはきれいだが、二階の居住部分のトイレの掃除が十分ではないことがわかりました。

私は、「まずしっかりトイレの掃除をしてください」と掃除の仕方を細かく教えました。それから半年か一年ほどすると、「おかげさまでお客様が増えました」とお礼の電話がかかってきました。

ある経営者は、「社内がぎくしゃくして、社員の遅刻も多く、うまくいかないんです」という悩みの相談でした。私はやはり、「トイレが臭いませんか？」と聞くと、そうだという答えです。この場合も、トイレ掃除の仕方を教え、ずっと続けるようにアドバイスしました。

急に仕事が暇になる、会社の中がぎくしゃくして、うまくいかないといった悩みの例では、多くは掃除をやり始めてから一年ほどで解決します。この場合、いやいややったり、おざなりになってしまっては効果は上がりません。「掃除をさせていただき、ありがとうございます」という気持ちを込めて掃除することが大切です。掃除はそこまでの力を持つと信じてこそ打ち込めるので、それが重要な分かれ目になります。

感謝の気持ちは、心を込めた掃除を永く続ければ自然に湧いてくるものです。そんな掃除を二十年も継続すれば、会社の業績は劇的に変わります。

# 会社の衰退は
# 如実にトイレに反映される。
# トイレの臭いを絶たなければ
# 危機はますます深まってしまう。

トップが先頭に立って徹底的に掃除に取り組むことで
掃除力は全社員による大きなパワーになる。

# 第2章

# 中小企業を生き抜く

# お菓子は生き物である

「商売をするなら食べ物から始めなさい。どんなに景気が悪くても食べ物なら安定しているし、人間食べることをやめるわけにはいかないのだから」

徳島の鳴門市で生まれた私は、幼いころから父にこう言われて育ちました。縁あってお菓子業界に身を置いた私は、日増しにこの商売に愛着を感じるようになりました。

何より張合いがあるのは、みなさまが喜んで買ってくれること、お子さまもお年寄りもお菓子があれば笑顔になる。美味しいお菓子なら毎日のように買いに来てくれるのです。

お客様たちの笑顔が私の生きがいとなり、商売としてお客様一人当たりの購買単価を上げることより、お客様に愛される魅力ある店をつくるほうが何よりの目標となっていきました。

もちろんお菓子の販売を生業とする菓子問屋ですから、利益（適正な）を上げることに努めます。

ただ、社会に有用であるべき企業は、正しい商行為を行なうことで十分に利益を上げ得るものと私は思います。

また、消費者がほしいお菓子、それも品質レベルを満たしたものを十分に、またリーズナブルな安価で流通させれば、自ずと利益は上がってくるものとも思います。

菓子業界ではだいぶ前から、大手卸問屋、大手小売店チェーンが開発するプライベートブランド（ＰＢ）商品で独自性を訴える動きが目立ち、今や主流とさえなっています。

中小菓子メーカーに開発させた商品を、チェーン店などの強力な販売網により販売し、高い利益率を得ようとするわけです。

これに対して、全国的に有名な菓子メーカーのお菓子をナショナルブランド（ＮＢ）商品といいます。このＮＢ商品は生産量が豊富で、安く提供できます。多くは長い間消費者に支持されてきたロングセラー商品です。

全体として、お客様の嗜好を考えればやはりＮＢ商品の安定した供給を主に考えざるを得ません。私はそれが大半のお客様のニーズに応えることだと思っています。

そして、ＮＢ商品をどこよりも安く消費者に提供するためには、たくさんのメーカーと直接取引する必要があります。創業から五十年余、私はその取引にかなりのエネルギーを割いてきました。

実はわが社もメーカー機能を持とうとしたことがあります。しかしその試みは失敗し、幸い大きな損失はなかったものの、安易に本業以外に手を出すことの愚かさを思い知らされました。

お菓子の製造と販売には別の能力が必要です。わが社はあくまでも流通業のプロとして、お客様への利便を図ることがいちばん良いあり方なのです。新商品の多くはあまり売れないにもかかわらず、店頭の目につきやすい場所に置かれることが多い。

メーカーの営業マンの売り込みが強いからです。その分、ロングセラー商品が目につきにくい場所に追いやられます。

菓子店を繁盛させるためには、売れる商品を中心に品揃えすることです。店が繁盛するほど売れ筋商品は店頭から減っていきますが、そのままでは売れ残った商品が場所を占めることになります。売れ残った商品が売場を埋めないよう、細心の注意が必要です。それを怠ると繁盛店がいつの間にか売れない店に変わってしまいます。

今「お菓子のデパートよしや」では、背の低い平台に商品が平積みされています。

これは二十五年以上前に私が考案した方式で、平面に並べるため商品の顔は全部見えます。スーパーやコンビニなどで見る五段の陳列棚に比べ陳列できる数量は減りますが、ほしいお菓子を目で楽しめるのでしょう、売上が三割も増えました。

キャラメル、キャンディ、チョコレート、ガムなど、ふつうは商品別の陳列を価格別にしたのもわが社のアイデアです。

お客様はキャラメルばかり、チョコばかり買うのでなく、いろいろ買いたい。たとえば百円コーナーで、五百円玉をもって、好きな五つのお菓子を選べます。価格別にすると価格ラベルを貼らないですむというコストダウンも図れます。

私たちはつねに、お菓子として今の世の中に生まれてきたお菓子を、最後までお菓子として生かせてあげる方法を考えています。美味しいお菓子が、相思相愛のお客様とスムーズに出会い、お客様を幸せにできますようにと。

# 目立たない場所に埋もれることなく、求める人たちに旬の姿で出会える幸せ、お菓子としての生を全うさせること。

お菓子好きの人たちを喜ばせることができたらお菓子は幸せ、
お菓子は生きている。

## どこの会社より早く決済する

わが社のような中小企業、とくに初めは零細企業であったわけですから、金銭的にとても豊かとは言えない状況でした。その中で私は、できるだけ早い決済をしようと考えました。

早い決済は、後発の私たちがメーカーなどの仕入先から信用を得るための決め手の一つとなりました。締め後十日の決済なら、六十日手形よりも五十日も早く入金されます。仕入先にとってはリスクが大幅に減り、資金繰りが楽になります。

わが社の考え方は、逆に支払いを先送りせずにリスク要因を残さないということです。

また早く支払えば割り戻し（リベート）が早くもらえるというメリットもあります。

「（メーカー、支払先への）支払いが一ヵ月以内の場合、一％を割り戻す」という契約の場合、月々に一千万円の支払いがあれば、その一％の十万円が月内に戻ってきます。

支払いは一千万円でも実質は九百九十万円です。

月々十万円の割り戻しを支払い分に上乗せしていくと、翌月は実質九百八十万円、翌々月は九百七十万円になり、十ヵ月目には九百万円で済む勘定になります。

百カ月後には一千万円が〇円になります。

月々十万円のリベートを貯めておけば、一千万円の支払いがただ同然になるのです。

もっとも、早い決済は私どもだけではありません。あるお得意先は、商品納入時に、その場で現金で支払ってくれます。

これには脱帽です。

この店はいつもお客様でいっぱいの大繁盛店です。

わが社のような卸売業者にとっては、大変ありがたい大得意なので大事にしており、いろいろ情報を提供します。当然売れ筋商品が集まりやすく、店にも活気が出るのでしょう。

わが社は現金で早く決済しますが、お得意先からのお支払いも原則現金で、請求書の締め日後最大二十日以内としています。二十日以内の現金支払いは、小売店のためにもなります。

お菓子という商品は一週間以内に売れます。

それをひと月後の支払いにしては、二十三日間も店にこれから支払う現金を置くことになります。他の使途に流用するという危険は消しておいたほうがいい。

早いというだけでなく、決済を早くしたことは、わが社に非常に良い結果をもたらしています。

小資本の創業時は、お金をすぐ支払いに回さなければなりません。他社のように、たとえば決済日を月末の一回だけにすると、売り上げたお金は貯まっていきますが、月末にまとまったお金が必要になります。

決済日を五日ごとに分散すれば、そのつど決済日前日までの五日間の入金分を支払うことで少額の支出で済みます。

当座預金にお金を残さず、少額で回すことにより、つねに動かす小資本で大きな商売ができるのです。

わが社があまりにも小資本で経営しているので、取引先の住友銀行が不思議に思い、経営内容の分析に来たことがあります。

私はこの決済システムを説明して、納得してもらいましたが、このシステムには今も満足しています。

# 五日刻みの決算システムは、小資本の会社が大きな商売に挑める健全な方法である。

会社にとってお金は血液のようなもの、つねに滞らず健康に流れるように気をつけよう。

# 適正利益を生む在庫管理法

企業経営では、第一に適正な利益を出すことが大切です。もちろんこれは簡単なことではありません。適正な利益を出すためにはどうしたらいいか。私も必死に考え、弟と話し合ったものです。

わが社では月次決算を行ない、毎月の業績をすぐ従業員に報告できるようにしています。半期や年度ごとの決算では、短期的な動きまで十分に把握することはできません。

そして、正確な状況を摑むためには毎月決算をする必要があります。月次決算なら、異変や新しい状況が出てきたとき、その兆候が見え始めた初期の段階で発見し、対応することができるからです。

そこで毎月必ず決算を行ない、もし利益が出ていなかったら、原因を究明し、すぐに対応策を講じます。月次決算によるチェックでもし赤字が出たら、私と社長の出勤時間を三十分早めます。次の月次チェックでも赤字が改善されなければ出勤時間はさらに三十分早めます。そうすると、業績は必ず回復したものです。

前にもお話ししたように、東日本大震災では中国への輸出停止、大手ドラッグストアから請け負っていたピッキング作業の引き上げなど、予期せぬ事態が次々と押し寄せ、月次決算の数字が落ちてきました。私と社長は出勤時刻を三十分早め、四時半、三時半の出社にしました。

おかげさまで翌年初めにはピッキング作業は五割増しになって戻ってきました。私は、「神さまが早起きに対するご褒美をくださったに違いない」と思いました。

前々項で触れましたが、売れない商品の徹底排除、売り切ることで商品の滞留を防ぐ工夫、追加発注の厳しい検討などによるシステムの導入で、商品の在庫をそれまでの約二十％に減らすことができました。この在庫管理は、企業経営においていちばん大事な部分です。

お菓子などの食品では、とくに商品の鮮度を保つことが重要です。業界の平均在庫日数は十二日ですが、わが社は三・八日です。そのためにいろいろな工夫をしています。売れ筋商品を絶やさず供給し、売れない商品を徹底排除するのは、その主要なポイントです。物流面では、多くの商品を入荷当日に出荷し、在庫としておく場合も、「後出し商品札」を掛けて商品が順序よく回転するようにします。

つねに必要適切な商品の流通を図りながら、在庫はできるだけ絞っていくのが、適正な利益を多く上げていくために不可欠なことです。会社は目標を立てて、徹底した在庫管理に努めなければなりません。

目標はまず、同業他社平均の二分の一です。売上、利益の確保と在庫量の縮小は相反するテーマのようですが、これを両立させることは十分可能です。二つのテーマを同時に満たそうとするとき、改善点は見えてきます。

平均の二分の一に在庫を絞れれば、必ず良い会社になれます。努力して改善できるポイントはまだまだあります。二分の一を達成したら三分の一を目標にしましょう。三分の一が達成できたらピカ一の会社になれます。私どもの会社は三分の一以下です。そこまでの在庫管理は十分可能なのです。

また、利益は、地味な積み重ねから生まれるものでもあります。私は経費削減という言葉が嫌いです。一円でも経費を節約して利益を上げるのは経営者として当然のこと、業績が悪くなってからあわてて経費削減を唱えるのは経営者として怠慢というほかありません。

たとえばわが社では、お菓子を少しでも低価格で販売できるように、徹底したローコスト・オペレーションを追求してきました。私のところに来られたお客様に飲み物を出すのは私です。応接室には缶飲料（お茶・お水）の収蔵ケースを常備しているので簡単です。女性社員に仕事を中断させてお茶汲みをさせるのは、積もり積もって相当な時間のロスになります。

わが社の蛍光灯には一つひとつスイッチのひもがぶら下がっています。必要な時間、必要なところだけで使えるようになっています。小まめに消灯し、休み時間には電気を消しています。

倹約は整理整頓と一体です。必要なものは置き場を決めて、すぐに取り出せるようにする。不要なものは残らず捨てます。書類も十種類を三種類にすれば探す手間が減ります。

机の引き出しに入れておく鉛筆とボールペンは一人一本で十分です。筆記具が二本も三本もあると、どれを使うか迷います。迷うわずか一、二秒が大きな時間になります。

世界一の自動車会社トヨタも、それこそ爪に灯をともすような節約に真剣に取り組んでいます。地道な積み重ねは世界を制するのです。

適正な利益を上げるために、企業は在庫管理に力を尽くさなければならない。目標は業界平均の二分の一、さらには三分の一だ。

企業が目指す最良の在庫管理は、つねに状況を把握し、問題点に的確に対応するところから可能になる。

## なぜ返品をゼロにすべきなのか

近江商人には「三方よし」（売り手よし、買い手よし、世間よし）の精神があるとされます。商売では厳しい場面も多く、取引先にきつい条件をお願いしなくてはならないこともありますが、基本的には相互繁栄を旨とし、相手にも利益が生まれるようにしています。

通常は十個仕入れるところを二十個仕入れ、二回の配送になるところを一回にまとめるというようなことをいつも考えます。

そしてわが社では、業界初の「返品ゼロ」を宣言し、実行してきました。これはそれまでの常識を破る思い切った試みであり、「売り手よし」の精神に立つものです。

お菓子の箱や袋には賞味期限がプリントされており、賞味期限の切れた商品は小売店から卸売業者に返品されてきます。箱や袋が破損したり、ビスケットやせんべいなど商品が割れた場合も同様です。卸売業者はそれらを仕入先やメーカーに返品し、代金を返済してもらうのが、お菓子業界の長年の商習慣です。

しかし吉寿屋《よしや》では、よほどの事情がない限り商品をメーカーに返品しないよう心がけてきました。よほどの事情とは、たとえば配達ミスの商品、金属片や髪の毛などの異物が混入した商品などです。異物が入っていては、問屋ではどうしようもないので、メーカーで処理してもらいます。

また、引き上げ品と言って、お菓子の中味の配合が違った場合は、メーカーから引き上げの要請があります。メーカー側の事情で全品引き上げという事態が年に二、三回あります。これはお得意先や消費者に売れないので、返品します。

一〇〇％返品ゼロではありませんが、こうした特例を除いては、たとえ袋が破れてもわが社では返品をしません。賞味期限が迫った商品や、中味が割れた商品などは、直営小売店やフランチャイズ店の「お菓子のよしや」で値段を安くして売ってもらうようにしています。たとえば期限の切れる日の昼頃には半値で売り出し、それでも残りそうなら、さらに値を下げて売ります。

私がそこまで返品を少なくすることに努力を傾けるのは、一つには、お菓子に最後まで生きてほしいと思うからです。私はお菓子問屋の経営者として、お菓子によって幸せをいただいてきました。お菓子に対する愛着は人の何倍もあります。

賞味期限が切れた、袋が破れた、中味が割れたなどの理由でお菓子が返品され、廃棄されるのがつらくてたまりません。どのお菓子にも生涯を全うしてほしいとの思いから、メーカーに返品せず、安くしてでも小売店で売り尽くし、消費者に味わってもらうようにしてきたのです。

二つ目の理由は食糧資源を大切にしてほしいということです。日本では毎日のように大量の食品が賞味期限切れなどで廃棄されていますが、世界では毎日二万人余りの人が栄養不足と飢えで亡くなっています。日本人の心に、もっと食糧資源を大事にする意識を植え付けていかないと、取り返しのつかない時代がやってくるのではないか心配です。

そしてもう一つの理由が、先ほど言った、仕入先、小売店にとってのプラスです。同じお菓子を扱う業者としては、どんな理由であれ、商品を廃棄することは本意ではありません。とくに精魂込めてお菓子を作った従業員にとっては、返品されて戻ってくるよりは、消費者に食べてもらったほうが絶対にうれしいはずです。

そうした気持ちの問題も大きいが、メーカーには商品の焼却・廃棄のコストがかかり、代金も返却しなければなりません。最後まで生かすことは、お菓子も喜び、関係者全員に幸せをもたらします。

# だれもお菓子が捨てられるのを喜ばない。お菓子を最後までお菓子として生かしたい。

日本人は食を大切にする文化を取り戻さなければならない。
お菓子の返品ゼロは食の現状を見直す一歩となる。

## 現場力が人を生かし、会社を活かす

三現主義という言葉があります。経営者は、現場、現物、現実をしっかりと見なければなりません。とくに現場に出かけていかないことには現物と現実は絶対に見えてきません。

現場とは自社の工場や倉庫、支店。小売業なら販売の最前線である店舗に顔を出す。仕入先、取引先を訪問する。現場に行かないと見えないものがたくさんあります。その見えないものを知るには、経営者は絶対に現場を知らないといけないのです。

私は定期的に直営店とＦＣ店、流通センター、京都支店へ出かけ、社員と顔を合わせます。特別な用事はありません。用事があれば電話をすればいい。

あくまでも、「元気で頑張っているか」と顔を出すことに意義があるのです。

そこで私は、アラを探すわけではありません。現場は信頼できる社員に任せているので、細々とチェックして相手を萎縮させるのは逆効果です。むしろ私たちは、じゃんけんをしてプレゼントを渡したり、おやつや食事をごちそうするなど、いろいろなことをして楽しみます。

社員には、現場をよく知っていて、自分たちを見てくれている経営者が必要です。現場で何か問題が起こったとき、あら探しをし、細かいところまで執拗に注意してくる経営者に対して、社員はばれないように取り繕って、情報は伝わりません。いつも気軽に社員の中に入っていく経営者には、社員も率直に情報を伝えようとします。

現場では、経営者と話をしたいと思っている人が大半です。わが社の社員は私が行くのを待ってくれていて、「こうしてほしい」「ああしてほしい」と要望を出してきます。そうして現実を知り、変えるべきところを改善していくことで、社員の働く現場の環境を少しずつ改善しています。

私がいちばん長い時間を過ごすのは、出勤する本社・摂津流通センターです。毎日二、三時間は現場にいます。掃除をすることもあれば、整理整頓をしていることもあります。現場で入出荷に携わることもあります。

私が早朝から流通の現場に立ち合うのは、自分の目で売れ筋商品を確認するためです。その作業を怠り、部下の報告だけで判断していると微妙に判断がずれてくることがあります。報告が間接的になるとズレは少し大きくなります。それが続くと大きなズレに拡大するおそれがあります。

私はよく、「箱は生きている」と言っています。売れ筋商品は生産されてすぐ出荷されるため箱がきれいです。よく売れる商品の段ボール箱は光って見えます。箱はその姿に情報を載せ、語りかけてきます。自分の目で確かめることにより、箱を開かなくても、その商品が売れるかどうかがわかってきます。その確率は八割以上です。

「この商品は売れるよ」と語りかけてくれる箱は、いかにも元気で勢いがありますが、売れていない商品の箱は古くて傷《いた》んで見えます。

あるとき、私がトイレに行こうとしていたとき、これからトラックに積み込む予定の商品の段ボール箱が通路に並んでいるのが目に入りました。納入先ごとに区分けされ、それぞれお得意先の名前を記入したラベルが貼ってあります。すると突然、通りすぎかけた私に、ある納入先の段ボールが「私を持っていってもお金をくれませんよ」と話しかけてきたのです。幻聴ではなく、私の耳には確かにそう聞こえました。そんなことは初めてでした。

私は、センター長や担当営業マンに、出荷を中止するように言いましたが、担当者は、「これまで入金が遅れたことは一度もないので、出荷させてください」と言い張ります。たしかに、そのお得意先は支払いが遅れるということもなく、経営危機を臭わす噂もありません。私も出荷を許すしかなかったのですが、結局支払日が過ぎてもその会社からの入金はありませんでした。

合計八百万円、最後の出荷額は四分の一の二百万円でした。

五十年以上も経営をしてきて八百万円も回収できなかったのは初めてです。担当者はわたしの部屋に飛んできて、「申し訳ありませんでした」と平謝りに謝りましたが、叱りつけることなく元気づけて営業に送り出しました。

流通センターの現場で仕事をしていると、時々の売れ筋商品が手に取るようにわかります。わが社でも事務や集計作業にコンピューターを活用し、小売店にPOSレジを導入していますが、そこで集計されたデータを発注業務に生かすことはあまりありません。POSデータはあくまでも過去のもので、昨日起きたことが今日起きるとは限りません。天候によっても売れる商品は変わります。一週間に売れた商品をPOSで集計して翌週の出荷予想をしても、現実にはなかなか当たりません。

つねに、さまざまな変動要素を的確に量りながら、入出荷を決め、適正在庫を保つ判断力は、長年の現場で仕事をしてこそ培われるのです。

# 箱は生きている。箱は正しい情報を語りかけてくれる。

現場に行かなければ見えない現実がたくさんある。
つねに現場に足を運び、ささやきに耳を傾けよう。

# 変化してはならないこと、変化すべきこと

　人生においても仕事においても、変化してはならないものがたくさんあります。「時間を守る」「約束を守る」「整理整頓」「素直さ」「人さまに施す」などは、その代表的な例です。人間として決して変えてはならないものです。

　このどれも決してむずかしいことではありません。

　しかし時間を守れない人もいます。彼らは時間は守らなければならないという強い意識を持っていません。つい遅れてしまう人は、その時間に行こうとするのでなく、まず約束の十分か十五分前に行って、いつも先に待っているようにすべきです。そうすれば遅れ癖はなくなります。時間も約束も、守らなければ相手に大変な迷惑をかけることですから、自覚の問題です。

整理整頓ができない人もいます。これも本気になって取り組めばできるようになります。変化してはならないことは人間にとって非常に大切なことですから、努力して守り、続けなければなりません。

その一方で、変化すべきこともたくさんあります。人間はよりよい変化を求めて努力することができます。身の回りをきれいに掃除すると気持ちがいい。少しきれいにすると、もっときれいにしたいと思います。掃除していくうち、手際がよくなり、より以上きれいにしたくなり、工夫もします。

人間はともすれば楽なほうに流れがちですが、目標をもって努力することによって能力を高め、意識を深めて、自分のカラを破り、もっと大きなことに挑戦することができるようになります。

日々の生活で、工夫に工夫を重ねて、今やっているやり方を変化させること。もっとよく変えるべきという自覚があれば、努力次第です。日々進歩することは自分がよくなることであり、自分の喜びです。

今「十分」かかっている仕事をなんとか「九分」でできないか。今三十分で読んでいる本のページをなんとか二十八分で読めないか。そう考えるところから変化は始まり、努力を続ければ九分が八分、七分に縮まり、三十分が二十七分、二十五分と速くなります。

仕事も読書も、考えるスピードに左右されます。そう考えてみると、学生時代に雑念をすっかり追い払って勉強に没頭することの大切さが、今さらながらに痛感させられます。

だから若い人たちは良い人生を送るために、学生のときに勉強を好きになる努力をしてほしい。社会に出たら仕事が好きになるよう努力をして、そして、そのことを継続してほしいと思います。

変化してはならないことを学び、必ず守り続けること。目標を持って日々努力し続け、変化すべきことを変えていくことが、自分を生かし、よりよく生きる道となるでしょう。

人生にも仕事にも
変化してはならないことがあり、
これを守ることは人間の務めである。
日々変化させるべきこともある。
変化は進歩である。

十分かかる仕事を九分でこなし、八分でできるように努力する。
だれでも努力を積み重ねることで変わっていける。

# なぜ銀行は一行だけなのか

わが社は創業以来五十二年間、三井住友銀行天六支店をメインバンクとし、それ以外の銀行とは一切取引をしていません。

創業間もない昭和三十九年のことです。私の店の前の通りは、近くの銀行マンが通勤する道路となっていました。当時、大阪天神橋六丁目付近には十五行もの銀行がありました。

いつも必ず朝七時に通る行員さんたちがいました。住友銀行の行員です。当時六大銀行の一つと言われていたA銀行の行員さんも通ります。決まって、八時三十分に通るのです。毎日です。

その姿を見るたびに私は内心「おやおや」と思ったものです。銀行が開くのは九時ですが、八時半には仕事を始めていないと本当は間に合わないのではなかろうかと。

「この銀行はいつかなくなるんやないか」

失礼ながら私はついそうつぶやいていました。その銀行が実際になくなったのは、それから何年か先のこと、私は、大銀行だからメインバンクにしている会社も多いだろうに、メインバンクがなくなったら大変だろうなと思いました。

開いたばかりの天満市場の店にも、いろいろな銀行の外回りの人がやってきて、「口座を開きませんか」と勧められました。その中で旧住友銀行の天六支店を選んだのは、店の前を出勤して行く各行の担当者のうち、住友の行員がいちばん朝が早かったからです。

ふつうの会社は長年ビジネスを続けていくうちに、メインバンクのほかに二つや三つの銀行と取引をするようになるものです。預金先・入金先を都銀と地銀に分けたり、借入金利を競わせたりするようです。しかし私は一行だけとの取引にこだわってきました。それにはいくつか理由があります。

仮に三行と取引したとすると、営業担当の三人と話さなければいけません。融資にもそれぞれ別の交渉をしなければならない。通帳は三通になって管理も複雑になり、はんこを捺す回数も増えます。

資金の移動も大変です。資金は有り余っているわけではないので、支払いが高額になるときは、分散して預けたお金を支払いする銀行に移さなければなりません。手間がかかり、手数料がかかります。取引銀行を複数にすれば、業務は煩雑になり、余分な時間もかかって、いいことはありません。一行のみの取引では、そんなマイナスがないだけでなく、相手銀行から大事にしてもらえます。

もちろんメガバンクの三井住友銀行に大事にしてもらうには、取引金額が大きくなければダメです。この面からも、数行と分散取引するのは不利になります。私どもは、住友銀行でも、多くの大手上場企業が集まる本店を避けて、全資金を天六支店に集中させました。

天六支店は、支店行事の日程を決める際に、前もって出席できるかどうか聞きに来てくれます。わが社のお金の動きを把握してくれていて、ボーナス時期に必要な資金手当てについても配慮してくれます。心斎橋店の土地の話を持ってきたのも同支店でした。

一般の会社が複数行と取引する理由の一つに、融資をしやすくすることがあるようです。しかし経営危機に至り、ついには倒産する企業には、必ず過剰借入の問題があります。借入しやすいのは危険なのです。

一行だけとの付き合いでは、借入を拒絶されないまでも、借入理由や経営状態、返済などについて問題点が指摘されることがあると思います。時々の状況によっては、借入の必要は経営上の危機を示すものです。返済限度以上の借入をしないためにも、銀行を会社の姿を映す鏡とするべきでしょう。

# 取引する銀行は一行だけのほうがいい。信頼に価するメインバンクは、良き友として親身の助言をしてくれる。

私が選んだメインバンクの行員はみな
他大手銀行行員より一時間半も早く出勤していた。

# 第3章

# ご先祖様のおかげで私がある

# ご先祖様に感謝する

私は毎朝、必ず仏壇と神棚に向かい、先祖と神さまに手を合わせます。ご先祖様のおかげで今の自分があります。神さまのご支援を得て、今の自分があるのです。だから私はご先祖と神さまに手を合わせて、日々、感謝の心を伝えます。ご先祖様と神さまはいつも私たちを見守ってくださっています。だからといって、安心して黙っていてはダメです。

向かい合い、手を合わせて真剣に語りかける。それを毎日続けることが基本です。私は片時もご先祖の恩を、神さまの恩を忘れない、いつも感謝の念を抱いていることを伝え、偉大なる愛に少しでも応えなければいけません。人深い愛に応えるための蓄積を少しでも、していかなければなりません。

さまに施しをします。施しは返しきれない恩へのお返しです。

　日々を正しく生きること。正直に素直な心で生きることを積み重ねていきましょう。朝は人さまより早く起き、毎日徹底的に身の回りの掃除をして、身も心も清めましょう。

「ありがとうございます」

　と、毎日できるだけ言いましょう。

　人間は成功すると、自分一人で成し遂げたような思い違い、思い上がりに陥りかねません。自分を磨いて力を育てることも、もちろん大切ですが、縁の下の力持ちをやってくれている人など力を貸してくれる人たち、直接間接にサポートしてくれていた人たちの「おかげ」をつねに忘れず、自分を謙虚に見つめることが大切です。

　私たちは生を与えられ、良く生きる可能性を与えられています。与えられた二十四時間を無為に過ごしてはなりません。時間を大切に使わなければばいけません。それは自分を生かすことですから、大いなるチャンスにほかなりません。一日二十四時間をどう活用するかで人生が決まります。惰眠をむさぼっていてはいけないと私は思います。

名経営者と言われる人たちのほとんどが、寝る時間を惜しんで働いてきました。寝る時間をできるだけ少なくしたほうがいいと、私は思っています。

与えられた体は、健康に保つよう努めましょう。あれこれ気にして健康法マニアのようになるのは考えものですが、要は規則正しいリズムの中で、朝早く起き、偏らない食事をきちんと取り、仕事に集中して、ほどよい疲れで熟睡するような、健康的な生活を心がければいいと思います。

それでも、病気になることはあるでしょう。そういうとき病気に負け、病気に押し流されないことが大切なのだと思います。心身のバランスを崩さないように気を配りながら、早く、しかし焦らずに治療に取り組む。そして、あくまでも前向きに、治ったときのことを考えるのが大正解です。

「元気になったらどうしようか?」と。

私は毎朝、必ず「ありがとうございます」を百回言います。週二回ほど、夜に「ありがとうございます」を千回言います。

「朝起きられる」「水が豊富にある」「朝食が食べられる」「家族が元気である」「テレビでニュースが見られる」「車に乗れる」「仕事がある」「楽しく仲間に会える」「掃除ができる」

みな素晴らしいこと、ありがたいことです。毎日毎日感謝をしています。

ありがとうございます。

もう一つ、親孝行について。

「私は今がいちばん幸せです」

両親、そして家族に、このメッセージを伝えることです。月に一度は、こう書いて、できるだけ手紙に書いて、渡しましょう。そのとき同時に、両親、家族への感謝の気持ちも書くことが大切です。

**私が今日あることを**
**ご先祖様、神さまに感謝する。**
**感謝の言葉を口に出し、**
**毎日繰り返すことが真の感謝となる。**

感謝は思い浮かべるだけではダメ。
それが心からのものであることをご先祖様、
神さまに受け止めてもらえるように、
そのことを自分自身かみしめるように。

## まず自分が幸せになる

初めに申し上げたように、私は良い仕事をし、良い会社をつくるために、自分がよりよく生きるために、五つのことを心がけてきました。

①親孝行 ②掃除 ③早起き ④施し ⑤発する言葉――。一見して、会社経営とは関係なさそうだと感じた方もいるでしょう。

しかし、自分の生き方に心するときはもちろんですが、仕事、会社にとっても、人が人として正しい生を営むことが基本にならなければならない。私は、そう考えています。

そして、心がけることの第一に親孝行をあげたのは、親に対するという最も個人的なことではありますが、個が正しく生きるうえでよって立つ基盤となるかけがえのない思い、行為にほかならないからです。

親にはとても大きな恩があります。最初に産むことに伴う肉体的苦痛に耐えて（数ヵ月も）、この世に産んでもらったこと。次に、無力な幼少期とそれに続く不安定な時期に守り育ててもらったこと。世に出て生きていく力と知恵を育まれたこと。とても返しきれない絶対的な恩です。

一方で、その親の偉大な行為は親にとっての義務でもあります。やがて人は自ら親になって、親からいただいたと同じことを自分の子に注いでやらなければなりません。これも親孝行につながります。一人前になって、会社を通して社会のためになる仕事をする、これも親孝行です。

世界の人口は七十二億と言われます。七十二億の一人ひとりに二人の親がいます。延べにすると親は百四十四億人になります。私たちがそうであるのと同じように、すべての親はわが子の「幸せ」をいちばんに考えています。

自分がまず幸せになることが大事です。私の幸せを親は何よりも喜んでくれます。自分が幸せであることをいつも親に知ってもらうことも大切です。

その次に、周りの人を幸せにすることです。会社経営者にとっては、社員を幸せにするということです。

三番目は、社会に貢献することです。親の恩によって社会に送り出された子供たちは、自分の力を悪いことに使ってはなりません。私たちは社会から大きな恩恵を受けています。

その恩恵に応えて、社会に貢献することで、間接的にせよ社会から恵みを受ける人がいます。私たちの微々たる力が積み重ねられていくことで、社会はもっと良くなり、生きやすくなります。

間接的に人に返していくことで、親の恩はより深く感じられることになります。次第に力を失っていく親の気持ちを察し、見守るのは当然のことです。

ちなみにわが社は年一回親孝行の日を設けています。お菓子をケースいっぱい詰めて両親に手紙を付けて感謝します。六月二十五日〜三十日の間です。

## 親子は特別な関係。
## 親がいちばん望んでいるのは何かを考えてみよう。

自分が幸せになることは、
人が幸せになる第一歩である。

## 人は支え合って生きている

人は支え合って生活をしています。家庭では家族と仲良くすることが、生活に潤いを与えます。一日仕事をして疲れて帰ってきたとき、妻がふだんと同じように明るい顔で迎えてくれると、ほっとして、疲れが抜けていくような気がします。

会社がうまくいっているのも、妻と家族の支えがあってこそのことです。家族でもある弟の社長は、最も強い支えであったし、お互い支え合ってきた仲間です。

仕事場では仕事仲間と仲良くします。友人と仲良くします。地域の人々と仲良くします。同じように、市と市、県と県が仲良くすればいい。さらには国と国が仲良くする。

　一人でできることは限られています。知恵を出し合い、力を合わせることで、可能性は格段に広がります。よりよい環境づくりには大切なことだと思います。

　会社は一社だけの力で仕事はできません。お菓子を製造するメーカー、そこから仕入れた商品を適正価格で買ってくださる小売店、小売店に足を運んでお菓子を買ってくださるお客様（消費者）がそろってはじめて、吉寿屋《よしや》という会社は成り立っています。

　さらには、仕入れ商品を配送してくれる運送会社のドライバーのみなさん、段ボールケースなど廃棄物を回収してくれる業者さん、会社から出たゴミを収集してくれる業者さん、日常使う設備や、備品を納めてくれる業者さんなど、会社に来ていただく多くの方々によって、わが社の経営が支えられています。

わが社に来られるどの人も必要な方ばかりで、どの方に対しても、全社員は元気のよいあいさつと笑顔で、ていねいに応対しなければなりません。

流通センターは、朝の四時から開いており、四時頃にはメーカーからの仕入れ商品を積んだトラックが入ってきます。決まった時間に安全確実に届けてくれるドライバーのみなさんに、私たちは感謝の気持ちで接しています。

その感謝のしるしとして、夏には冷たい飲み物、冬には温かい飲み物、お腹の空いた人にはカップ麺などを用意して、差し上げています。創業時は、見ウォータークーラーと紙コップを置いて、自由に飲んでもらいましたが、見ていると多くのドライバーが飲んだあと自前のポットに水を入れて、トラックに乗り込んでいます。途中でのどが渇いたときのためで、それならばと、数年後、持ち運びできる缶コーヒーやウーロン茶などのペットボトルを渡すようにしたところ、大変喜ばれました。

ドライバーの話では、朝九時までに配送する人の大半は、朝食を食べていないようです。そこでカップうどんとカップラーメンを用意したところ、これも大好評です。疲労回復効果がある甘いもの、キャンディとチョコレートは好きなだけ持っていけるように袋から出してカゴに盛ります。花粉症のドライバーには効果のあるキャンディ一袋を渡すこともあります。

一般に流通センターでは、配送ドライバーは倉庫内に入れませんが、わが社では、入って飲んだり食べたりできる場所を設けています。

飲み物などを差し上げるときには感謝の気持ちをもって渡さなければいけません。百円の缶コーヒー一本、お茶のペットボトル一本でも事務的に渡すのではなく、気持ちを込めて両手で渡すようにします。

来社された人たちをお迎えするとき、重要なのはあいさつだと思います。わが社の社員はみなお客様に、「いらっしゃいませ」と笑顔で元気よくあいさつをしています。しかし簡単にできそうなあいさつも、いつもだれもが心を込めてすることを続けるには、日頃から全社的に取り組むことが大事です。

# 人はみな支えられ、支え合って生きている。支えてくれているすべての人に感謝の気持ちを伝えたい。

日常支えられていることを当たり前と思ってはいけない。
お互い少しでも気持ちよく接することができたら、
世界は変わる。

## お得意先より社員が大事

多くの支えてくださっている人々への感謝を私たちは決して忘れてはなりません。中でも経営者がいちばん大事にしなければいけないのは、仕入先でもお得意先でもなく、働いてくれている社員です。私は、取引先が社員のことで文句を言ってきたとき、絶対に社員を叱りつけません。

本人が悪い場合はもちろん注意しますが、多くの場合、悪いのは取引先であることが多いのです。無茶を言ってくる取引先から社員を守るのは経営者の役目だと私は心得ています。

相手が大のお得意先であったとしても変わりません。わが社に優秀な社員が育てば、お得意先にも仕入先にもよりよい貢献ができると思います。ですから、「お得意先を取るか、社員を取るか」と言われたら、私はためらうことなく社員のほうを取ります。

　私の出勤時刻は午前五時です。定時の三時間半も前だというのに、すでに何人かの社員が働いています。その姿を目にするたびに、「こんなに朝早くから頑張ってくれている。この人たちをなんとしても幸せにしてあげないといけない」と心に強く思います。流通センターに到着するとき、私はいつも入口で必ず、「ありがとうございます」と二十一回唱えます。

　社員が幸せになってくれたら、会社は自ずと良くなります。そういう会社が増えれば、日本の国も良くなります。「日本に対するいちばんの社会貢献は、自分の会社の社員を幸せにすることだ」と言っても、過言ではありません。

　日本の会社はかつて終身雇用を旨とし、社員のリストラは最後の最後の手段でしたが、今や少しでも景気が悪くなると、リストラは当然の選択肢になってしまいました。まず派遣社員、契約社員など非正規雇用者から切られ、それでも業績が回復しないと、正規雇用者が対象になります。

しかし数を切り捨てることからは、真の再建はもたらされません。リストラされるのは会社に貢献してきた社員です。非正規、正規を問わずその会社のために働いてきた人たちです。数でつじつまを合わせても会社は良くならない、数字合わせで会社が生き残ったところで、日本の国も良くなりません。

リストラをするなら、経営を悪化させた経営者が真っ先に対象になるべきです。私は、「業績が悪くなったら、一番最初に私をリストラする」と社員の前で宣言しています。掛け値ない私の真の気持ちです。

かといって、私は会社をリストラの危機にさらしたりはしません。そこまで追い込まれる前に、経営者には手を尽くすべきことがたくさんあります。これまでお話ししてきたように、私は返せない多額のお金を借りたり、ギャンブルのような無謀な再建手法は取りません。

私は、会社の状態を日々チェックしています。赤字など、少しでも危うい兆候をできるだけ早くキャッチし、危機を未然に防ぎ、利益の落ち込みがあればその原因を追求し、解決策を講じます。業績が悪化したら、私は弟とともに出勤時間を三十分早めて、解決に取り組みます。好転しなければさらに三十分早めます。経営者が先頭に立って一日二十四時間フルに働き、知恵を絞れば、業績は必ず改善されると私は信じています。

社員を幸せにするためにも、経営者は、今いる社員の能力とエネルギーをいかにして引き出すかを考えなくてはいけません。そして社員が頑張って利益を上げてくれたときに、その頑張りをきちんと評価して少しでも報いることが、経営者の務めであると思っています。

わが社には「これでもか」と言うくらいの報償制度があり、その一つに、「業界一の個人所得を目指す」というものがあります。毎年、高所得を得る年間優秀社員、年間優秀準社員が生まれ、チャンスはだれにもあります。

**会社の利益（税引後）のうち三分の一は万一のときのための内部留保とし、三分の一は会社の成長・発展のための投資に使う。残りの三分の一の大部分は社員に還元される。**

わが社の社員プレゼント例――ベンツ、レクサスの営業車使用（売上一位、伸び率一位の営業社員）。金の延べ棒一kg、百g各一名（十年間毎年、勤続五年以上）。海外旅行（好きな国へ、十年で五十名、勤続年数上位五十番まで）。国内旅行（国内五十ヵ所の好きな所一泊二日、勤続五十一～百番）、準社員は勤続二年を一年と計算。その他の社員はＵＳＪと大阪のホテルで夕食会。

## 施しの三原則

施しというと、上からものを授け与えるような、「上から目線」のようで気になるかもしれません。しかし、「施し」を広辞苑で引いてみると、「ほどこすこと。めぐみあたえること。施与。布施」とあります。

「施し」とは、お釈迦様が説かれた六つの善行の一番目にあげられている「布施」のことで、これに「言行一致」「忍耐」「努力」「反省」「智慧」の五つが加えられています。布施がいちばん初めに来ているのは、人に対する思いやり、優しさが布施のベースとなっており、人間が徳を積み上げていくためには不可欠なものだからです。

「無財の七施」という言葉があります。施す側は相手に対して、「優しい眼差し」と「優しい微笑み」で接し、「優しい言葉」をかけ、「人や社会のために働き」、いつも「感謝の気持ち」を失わず、「人への親切」を心がけ、「おもてなしの心」を大切にしなければならない、という教えです。

このように、施しとは本来、お金や物を与えることだけを指すものではありません。しかし私たちの真意も、むしろ心にあります。

会社は事業により社会に貢献すると同時に、利益を上げることも目的とします。社員は会社の一員として生活を立てる収入を得つつ、利益を上げる目的に貢献します。お金は、家族と自身の生活を営むための目的でもあります。

私が言う「施し力」とは、仕入先、お得意先などの取引先、ひいては国などにいかに広く分け与えるかを言います。中でも、経営者が会社の利益の一部をいかにきちんと社員に還元していくか、がきわめて重要です。

経営者が利益を上げ、社員の雇用を守り、給与や賞与をきちんと支払うのは当たり前のことで、それだけでは不十分です。決算して利益が出れば、その六分の一は社員に還元していく。それが施し力で、社員を幸せにし、社員のやる気を高め、会社の競争力を高めていくことになると思っています。

施し（社員への利益還元）には、忘れてはならないことが三つあります。

①　あとで分配する。

②　分配したら忘れる。

③　分配し続ける。

最初の「あとで分配する」とは、利益が上がったあとで配るということです。役員賞与と同じ業績連動型ですが、「先に配って社員のやる気を引き出すべきではないか」と言う経営者もいます。それも効果的ですが、ここで言う施しは成果に対する分配、報奨ですから、自分たちの努力の結果である利益からもらうほうが、喜びも高まり、モチベーションが上がります。

上がった利益から出すのは無理をしないことでもあります。そこで無理をせずに会社を健全に保つことは、会社にも社員にも大切なことです。

私たちはつねに決算内容を明らかにし、正当な利益還元をしますが、業績連動ですから渡す額が減ることもあります。万一赤字が出れば、「今期は残念ながら黒字にはなりませんでした。これで辛抱してください」と、社員全員にタオルかお菓子の詰め合わせを渡すことになるでしょう。

幸い、わが社ではずっと黒字だったので何も出さなかった年はありませんが、利益が少ない年は金額の少ないもので辛抱してもらったこともあります。「分配したら忘れる」は、社員の貢献で出た利益ですから当然です。経営者の中には、「これだけしてやった」という意識の人も多いようですが、配って当然のお金を自分が恵んだように思うのは思い上がり。配った時点で忘れてこそ、真の施しです。

分配し続けることも大切。そのためには利益を出し続ける。経営者はつねに率先して早朝から働き、強い気持ちをもって良い会社をつくっていくことです。それが経営者にとっても社員にとってもベストのあり方です。

# 施しを受ける喜びに
# 水を差すようなことがあってはならない。
# できるだけ公平に分配し、
# 最高のプレゼントになるように。

意義あるプレゼントの日にふさわしい盛り上がりを。
ゲーム性を取り入れ、楽しいイベントに。
社員の家族にも喜んでもらえるようにする。

# 税金をたくさん払いたい

私はつねに、税金をたくさん支払うために朝早くから起きて、人さまよりたくさん仕事を続けています。

税金をたくさん支払っている人は良い人です。税金をたくさん支払っている会社は良い会社です。それは素晴らしいことなんです。

それは最大の社会貢献だと思っています。

いま日本人の生活は税金が支えていると思います。大企業がどれほど多くの法人税を払っても、一社や二社の税金で全国に道路を走らせることはできません。年収二百万円に満たない方たちも含めた非常に多くの国民が広く税金を払っています。昔からある税制による税源から道路が造られ、鉄道が走り、電気、水道などが通っている。そのおかげで、私たちは世界中の物品を手に入れられることを忘れてはなりません。

将来的にはもっともっともっとたくさん税金を払い、もっともっと良い日本をつくりあげるのが、今生きている私たちの最大の責務ではないでしょうか。

私は吉寿屋《よしや》を創業したとき、早起きをしてだれよりも早く仕事に取りかかること、どこの会社よりも早く決済することを決意しました。そしてもう一つ、前年より多くの税金を払う努力をすることを会社の方針に掲げました。

とくに会社は、国や自治体が税金で構築したインフラやサービスのお世話になって事業をしています。物流に必要な道路、橋、栓をひねるだけで水が出てくる水道、新幹線や港、空港にも税金が使われています。警察が治安を守ってくれるからこそ安心して商売ができます。非常時には電話一本で消防車、救急車が駆けつけてくれます。国の保障なしには保険、年金などの福利厚生も危ういものになります。

その財源は、企業と国民一人ひとりがこれまで一生懸命に働いて稼いだお金の中から納めた税金です。私たちの祖父母や両親の世代の人たちが納めた税金で整備されたインフラもあります。世の経営者はそれらを何不自由なく使って事業を行ない、利益を得ています。

そのことに感謝するとともに、次の、子供や孫の世代のためにインフラをもっと充実させ、福祉や教育をもっと素晴らしいものにしてもらうために、より多くの税金を納めようと頑張るのが、われわれ経営者のあり方だと思います。みんながそう考えれば、日本はますます良い国になっていきます。

創業以来黒字を続けている吉寿屋では、当然の義務として、喜んで税金を納めてきました。いわゆる「脱税」は一度もしたことがありません。もちろん税理士さんにもそんなお願いはせず、上がった利益から所定の税率の税金を納め続けています。

私がいつも思うことがあります。私には、目には見えないが、いつもお世話になっている大切な方がたくさんいます。たとえば私は、時計やスーツ、ネクタイなどをお金を出して買っていますが、私が自分で作ることはできません。私の衣食住は、世界中の、私の見知らぬ人たちのお世話になることで満たされています。

私に新しい知識を教えてくれる本、経営者としても人間としても、足らざるを教えてくれ、未知の世界に目を見開かせ、思いがけないヒント、アイデア、視点を与えてくれる本をつくっている人。車、ガソリンを提供してくれる人。私がお世話になるありとあらゆる人々。

一年間に、おそらく百万人以上の方にお世話になっています。この方たちにお返しするのは「税金」でしかないと思っています。

私の支払った税金はわずかですが、たとえばそれで街角に花を、公園に木を植えていただき、いつもお世話になっている方々の一人が見て、「ああ、きれい」と思っていただければ、本望です。

子供たち、孫たちに
確かな未来を保障するために、
私たちはよく働き、正しく利益を上げ、
より多くの税金を支払うべきである。

私たちは見知らぬたくさんの人のおかげでより良い生き方をさせてもらっている。その人たちが少しでも癒やされますように。

## 約束と法律を守る

家庭には家庭の決め事があります。会社には会社の決まりがあります。市や町、村にもそれぞれ法律があります。都にも道にも府にも県にも法律があり、国には国家としての法律があります。

法律は守らなくてはいけません。その集団、地域の中で、他の人たちと一緒に生きていく以上、他の人たちの不都合になることは避けなければなりません。法律はみんなを守るものであり、自分を守るものです。

同じように、約束も守らなければなりません。ほとんどの人はさまざまな約束のもとに動き、働き、生活しています。

取引先との約束。銀行との約束。友人との約束もあります。

どんな小さな約束でも守らなければなりません。約束と法律はつねに守るべきことです。法律と約束を守るのは当然のことですが、ほんの些細なことから約束を破ってしまう隙間ができてしまうおそれもあります。

でも、約束と法律は守らなければならない。何があっても絶対に守ることを、私は自分に課しています。

約束を厳守する限りは、人間関係においても仕事においてもトラブルになる心配はありません。特に仕事は、さまざまな約束事で成り立っていて、その約束を守らないとたちまち仕事の進捗に支障を来《きた》します。

たとえば約束の日に代金を支払わなかったとしたらどうでしょう。そのお金をあてにして、社員の給料や外部への支払いを予定していた相手は、資金計画を大幅に狂わせてしまいます。新たな資金繰りに追われ、場合によっては倒産さえしかねないのです。

また、約束の日に商品を納品できなかったとすると、その迷惑は量り知れません。

その商品の入荷を前提に立てている売上計画が狂えば、計画が未達になるだけでなく、先方が販売する予定だったお客様にも大きな迷惑をかけ、損害を広げます。信用問題にも発展します。

約束を破った会社は当然取引先の信用を失います。信用をなくせばだれにも相手にされなくなり、商売を続けていくこともできなくなってしまいます。

取引上の約束を特に厳格に守らなければならないのは、自分のことはともかくとしても、相手に取り返しのつかない迷惑をかけ、相手の人生まで狂わせてしまうことが往々にして起こり得るからです。

そして何よりも、約束は（法律も）必ずいつも守るという意識をしっかりと持ち、決して破らないための自主管理策をつねに講じておくことです。

万一約束を守れない事故などが起きた場合は、できるだけ早く先方に連絡し、理由を伝えておかなければなりません。

約束と法律は守らなければならない。
これに異を唱える人はいない。
だが、すべての人が約束も法律も守ったら、
世の中は変わる。とても良く。

約束を守れない人、いつも遅刻する人は必ずいるが、
それを改めるのは本人が思っているほどむずかしくない。

# 第4章

# マイナスをプラスに変える生き方

# 人生良いときも悪いときもある

人生には良いときも悪いときも必ずあります。今良くて、お金がどんどん入ってきても、そんなことはずっとは続きません。必ず悪いときが来るので、いつもそのことを頭においておかなければいけません。

私たちはそれほど遠くない過去に、そんな例をたくさん見せられています。たとえば、投資の大成功者ともてはやされた芸能人が、のちにバブルに飲み込まれて、かつての成功を裏返しにしたより、はるかに莫大な借金を背負うという話は一つや二つではありません。

今良いからといっておごることなく、会社なら所得の八〇%は貯金することです。個人でも二〇%は貯金したほうがいい。

逆に、今悪いからといって悲観する必要はありません。私は五十二年商売をしてきて、その間利益を上げ続けましたが、景気がよいと実感したのは十年に一年ぐらいしかありません。それでも、よく考え、よく働けば、利益は上げられるものだと思います。

要は状況に押し流されることなく、どんなときでも素直に謙虚に朗らかに、感謝の気持ちを忘れることなく、いつもいつも希望を持つことです。

組織のトップになると、自分の考えにこだわって、素直にものを見られなくなる人がいます。世間や部下、得意先、取引先の言葉に素直に耳を傾けられなくなる人がいます。素直に謙虚にすれば見るべき大事なことも見えてきて、危機にあっても正しい判断ができるようになります。

その環境としては、商売をするには苦しいのが常態と考えるべきです。そこでどうしたら利益を上げていくことができるのか。せっかく始めた商売を、あきらめずに少しでもプラスを出していくために何をしたらいいのか。

悪いときから始める人は、良いときから始める人より強い経営者になる可能性が高い。良いときから始めてそれが常態と思った人は、次に来る悪いときに非常に苦労するでしょうし、せっかく上がっていた利益も、十分な備えにはなっていないのではないかと思います。

「楽すれば楽が邪魔して楽ならず、楽せぬ楽がはるか楽々」

富山県の薬売りの間に伝えられてきた「七楽」の教え。楽をすればつい楽に甘えてしまいますが、楽ができなければ努力して、少しでも楽な状態にしようとします。結局は初めから楽をしないほうが楽なことになってしまう。

楽をするよりも努力を継続することが大切だということです。少しでも企業の業績が良かったら、九〇%の方は楽をすると私は思います。そして会社をダメにします。

努力なくして大金が手に入るのは、運の良い人でも一生に一回しかないと思います。大金が入ったら、九九・九%の人は必ず鬼になります。一度鬼になったら急に戻るのはなかなかむずかしい。結局は、少しずつ少しずつ、こつこつ成長していく人が、もちろん鬼になることなく、長続きする。それが確実であり、その確率は非常に高いと思います。

ただ経営者は、つねに新しい問題を抱え、取り組んでいます。人間は一生懸命働き、昨日よりもっと良い仕事ができるよう努力を続ければ、成長します。成長すればそれだけ、新しい課題が浮かび上がってきます。

菓子業界で仕事してきた五十二年を振り返って、いちばん厳しかったのはいつだったかと考えてみるとき、それは「今日」だと私は思うのです。過去に、今がいちばん厳しいと思った時期はありますが、振り返ってみれば、全然厳しくなかったような気がします。

経営者も成長します。努力し、厳しさを克服すれば、さらにもっと会社を良くしたいと思います。そうでなければいけないのです。「今は楽だ」と安心してしまってはいけません。

楽すれば楽が邪魔して楽ならず、
楽せぬ楽がはるか楽々。
「七楽」

成功とは成功するまで続けることである。

## 目に見えない味方の存在

この世には、目に見えないものがたくさんあります。

「神さま」「仏さま」「心」「空気」「風」「気」

この目に見えないものに味方になってもらう、つまり後押ししてもらうことができれば、一生が変わります。

私はお菓子の問屋一筋に仕事をしてきました。若輩の身で店を持ち、小さいけど会社として、やるべきことはすべてやってきました。その前に修業時代ともいうべき八年間で、お菓子とその流通について学び、仕事に必要なことを身につけました。

そこには、この分野ならではの方法や技術、経験則というものがあって、市場や流通に関する重要な法則、判断基準など論理的なものと、経験を重ねる中で培われる職業勘のようなものもあります。

これらは実際非常に重要かつ不可欠なもので、私もほとんどこれに従って仕事をし、判断をしてきました。ただ、重要なのはそれだけではないとも感じてきたものです。良い仕事をしよう、良い生き方をしようと私が一生懸命やってきたことが私自身の内からの力を高め、私を力づけ、後押ししてくれるような大きな力が働いているのです。

目に見えないものに後押ししてもらう。そのために必要なのは、次のようなことだと思います。

素直な心を持つこと。

謙虚な心を忘れないこと。

人さまに施すこと。

朝早く起きること。

日々の生活を質素にすること。

嘘をつかないこと。

時間と約束を守ること。

親孝行をすること。

すべての出来事に感謝すること。

掃除をすること。

いつも笑顔でいること。

これを七年間続けると、見えないものが味方になって後押しをしてくれるようになります。二十年間続けると、宇宙が味方してくれます。人生に素晴らしいことがたくさん起きると思います。

ここに挙げたことはみな、それだけでも良いことにつながります。

たとえば早起きをすれば、ひと仕事もふた仕事も先んじることができ、充実した一日になります。いつも追われることなく積極的に仕事を展開し、積み重ねれば、ひと月、一年たくさんの仕事ができるようにもなります。

早起きをしたいが「夜なかなか眠れない」と言う人もいます。

中小企業経営者は悩みが尽きません。資金繰りや人事で悩んでいるとついあれこれ考えてしまって、寝床の中で目がさえてしまう。しかし夜考えて良い解決案が出てくる確率は低くなるようです。

そういうとき、良いことを十個思い出すようにすると、気持ちが幸せになって心が穏やかになり、自然に眠りに落ちていきます。一度でダメでも、もう一度良いことを十個思い出す。三回も繰り返せば間違いなく眠れます。

よく眠れて朝早くすっきり目覚めれば、良いパターンが摑めます。

ところが、「良いことは」と問われて、「思いつかない」と言う人がけっこう多いのに驚かされます。悩みを打ち明けられる相手がいること、愛する家族や友だちがいること、過去に楽しい思い出があること、健康で毎日を過ごせること、仕事ができること、温かい布団で寝られること、毎日三食いただけること。どれも幸せな、良いことです。世界の貧困地域で餓え、病んでいるたくさんの人々、戦争を経験した人々のことを考えれば、私たちがどれほど、特別に幸せかわかります。

改めてそう考えれば、ともすれば私たちが謙虚さを失い、感謝する心を見失いがちになっていることがわかります。

感謝の気持ちは、私たちの行動の原点になります。感謝の気持ちがあると、何事も自分でやろうという気になります。私はそれを「一歩入った仕事ができる」と言っています。

たとえば今日、十の仕事をする予定だったとしても、感謝の気持ちで次の仕事へと進んでいくので、できた仕事は十二にも十三にもなります。仕事に入り込んで道筋が見えてくるので、質量ともにどんどん向上していきます。成績が良くなり、評価も高まって、昇進、昇給も早くなるでしょう。「一歩入った仕事」ができる社員が多い会社は発展します。

# 人間は、人間として
# 良く生きることを長く続けることで、
# 人間の目には見えない大切な存在を
# 味方にすることができる。

私たちは、今こうしてあることの幸せを深く知り、
どんなときも決して忘れてはならない。

# タイでエビを釣れ

「エビでタイを釣る」という言い方があります。うまくやれば、少ない労力で大きな成果が得られるというものですが、これほど無責任な言い方もありません。エビでタイが釣れるのは、せいぜい海での話で、陸上では、大した努力もなしに大物を手に入れることは絶対にできません。

むしろタイを釣れるような努力・経験を積んでこなかった人には、タイでタイを釣ることも無理だと知るべきです。つまり少し努力するだけで一人前の利益を上げるのはむずかしい。それどころか、一人前の努力をしているつもりでも、初めから一人前に利益を上げるのは無理だということです。

仕事に取り組んで一年目には、十の努力で一か二程度の成果しか上げられません。タイを釣れるようになる前に、まずはタイでエビを釣れるよう一生懸命努力しなければなりません。

タイでアジが釣れるようになるまでには三年かかります。まだタイでタイを釣るというわけにはいきませんが、それでもアジを釣るところまで来た。これも大きな努力の積み重ねで得られるものです。

七年間努力を継続してはじめて、タイでタイを釣ることができるようになります。努力の積み重ねで実力をつけ、十の努力で十の成果を得られることになり、必ずタイが釣れます。

しかし、これだけの成果が得られるためには、確実な努力の積み重ねがなくてはダメです。努力の中抜きをしてしまったら、三年経っても七年経っても、アジもタイも釣れるようにはなりません。

そういう努力を二十年間継続すると、今度は必ず、タイでクジラが釣れるようになります。努力の積み重ねの力とは、それほどに大きく、ものすごいパワーに発展するものなのです。

クジラが釣れるようになると、一生良い生活ができます。

このように、自分が良いと思うこと、将来に実現したいと思うことを本当に実現させるためにはどうしたらいいか。

いちばん大事なのは、何年何月まで必ず実行すると、心に強く決めることです。何が何でもやり遂げるという固い決意です。このとき、「いつ」実行するかが大変重要です。

いついつまでに、必ず実行するにはそれなりの成算がなければできません。まず、それを成し遂げるのにどれだけの力が必要か、どれくらいの条件が必要かをきちんと把握します。相手の大きさを理解したうえで、自分は全力を尽くす。日々の積み重ねる努力を、成し遂げるまで必ず注ぎ続ける。かつてない大きい力を振り絞る勇気と強い気持ち、覚悟が必要になるのです。

もっとも、覚悟といっても、それほど悲壮なものではありません。成し遂げる仕事は、成し遂げたいと思うことであって、いやいややらされていることではないからです。

私がこれまで苦労したと思ったことがないのは、一つは、今の仕事が好きだからです。世の中には、今の自分の仕事がいやでたまらないという人が案外多いようです。

本当にいやでいやでたまらないのであれば、辞めて違う仕事を探したほうがいい。もっとやりたい仕事があれば、その仕事に変わるべきです。ただ、真剣に取り組んでみたら、実は自分に向いていたなどということもあります。

それに、いやいややっているのでは、その仕事の持つおもしろさに気づくことはないでしょう。目の前の仕事を毛嫌いする前に、その仕事をもっと知って、成果を上げることに取り組んでみたらどうでしょう。仕事に打ち込めば打ち込むほど、その仕事のおもしろさ、深さが見えてきます。大きな成果を上げることも可能になります。

努力は継続です。
一年目はタイでエビが釣れる。
三年経つとタイでアジが釣れる。
七年続けるとタイでタイが釣れる。
二十年続けるとタイでクジラが釣れる。

良いと思うことを実行する場合は、
「○年必ず実施する」と心に決める。

# 初心に帰るな

「初心に帰れ」とよく言われます。これはおかしい。

私なら「初心に帰るな」と言いたいところです。

初心に帰れ、と言うのは、初心を忘れているということではないですか。

初心を忘れるから帰らなくてはならなくなります。

初めは高い志を持ち、必要なことは何でも謙虚に学び、どんな困難にも負けずに立ち向かい、一つひとつ努力していこうと思っていた。それが初心だったとしたら、初心を忘れたとは、いったいどういうことなのでしょうか。

初めのうちは初心を忘れず頑張っていたのが、仕事に慣れ、ある程度力がついて生活も安定してくると、より高いところを目指す志、目的意識が薄れていく。そのために困難に立ち向かおうという強い気持ちが失われる。自分を高めていくはずの日々の努力が、現状を維持するほうに縮小され、自然に楽に生きるほうを選んでいる。

やすきに流れるのは楽なことですから、人間だれもが落ち入りがちなところです。そうして初心を忘れた人にとっては、初心に帰るのはいいことには違いない。はっと気づいて、初心に帰ってがんばろうと思ったかもしれない。

しかし、良い人生を送るためには、「初心」は一生貫かなければならないのです。一度初心を忘れてしまった人が初心に帰り、その後一生忘れることなく努力を続けられれば、それに越したことはありません。だが残念ながら、一度初心を忘れた人は、同じことを二度三度と繰り返しかねないのです。

それはおそらく、初心の時点で絶対にやってやろうと決意した思いが十分に強くなかったのだと思います。また、努力の結果が見え始めたとき、「これだけできた、良かった」という安堵の気持ちが、「これで良い」という自己肯定にすり替わり、目標に向かってさらなる努力を尽くすひたむきな心を失っていった、ということでもあるでしょう。つまり初めの目標までやり抜き、さらに新たな先まで努力を尽くす継続の大切さを忘れたのです。

私が、「初心に帰る」という一見正しいように見える教えに異議を唱えるのは、そこに欠けている面があるからです。初心というスタートに重要な思いの強さ、継続する厳しさを欠く限り、失敗の真の原因をいつまで経っても見極められず、同じことを繰り返してしまうということです。

厳しすぎる言い方と感じる方がいるかもしれません。しかし、成し遂げると成し遂げられない、この二つの差は決定的に大きいのです。そして多くの場合、目標に到達し得なかった理由は、「力は尽くしたが、あと少しのところで及ばなかった」からではなく、努力し通すことができなかったからではないかと思います。それは甘えです。

努力をし続け、やり遂げようと真剣に取り組んでいる人は、最後の最後までチャレンジし続けます。もともとはそこまで傑出した力の持ち主ではないと思われていた人が、土壇場で思いがけないほどの力を発揮することがあります。自分の力ぎりぎりまで使い果たして、最後まであきらめずに目標を見続けている人には、最後のひと押しをどのようにやればいいかが見えているのだと思います。曇りなくひたむきに取り組めばこそ出てくる力です。

逆に、努力しきれない人は、自分にもっと能力があったらとか、好条件に恵まれず運が悪かったとか、もっと金を持っていたらとか、不成功を不足するもののせいにしようとします。それは甘えです。能力も条件もお金も、真剣に取り組んで努力している人には、初めから不足しているのはわかっていることです。必ずその不足を補う努力をしていなければいけない。

もちろん決意したことが不成功に終わることもあります。しかし決意して最後まで努力した人は、目標を据えなおして再挑戦の努力を続けるでしょう。しかし甘えで挫折した人は、挫折の真の原因を見極めて、本当の覚悟を決めないと同じことの繰り返しになると思います。

そこでいちばんまずいのは、借金してでも成功させようとすることです。新たな借金は、初めの予定にはない、失敗を補うものでしょう。無理な借金は命取りになります。これも大いなる甘えです。やるべきことはまず、なぜ失敗したのかを知ることで、そこから次の人生が開けてきます。

借金といえば、他人には絶対に金を貸してはいけません。自分に用立てられるだけの金があったら、相手は困っているのだから貸してあげたらいいと思うかもしれませんが、困っているときの借金はまず返ってきません。結局友情にヒビが入るだけです。

もう一つ大きな理由は、金を貸しても相手は助からないということです。相手は通常の借金（たとえば銀行からの融資）ができなくなっている状況です。借金を重ねるほど闇金などの危ない借金が増えてくる。その前に、将来を見通し、借金以外の方法で解決するのが最上の選択なのです。

# 初心忘るべからず。
# 初心は貫くものであり、
# 忘れたり帰ったりするものではない。

他人には絶対に金を貸すな。
他人の保証人には絶対なるな。

# 日本の将来は必ず良くなる

将来のことを考えている人、将来のことを話す人、その九九％は不満をもっている人、あるいは不安をかかえている人です。日本の国の将来に不安を感じている人々なのでしょう。

もちろん、戦争に流されるようなことは決してあってはなりません。日本は戦争により完膚なきまでに叩きのめされた国です。無防備の本土を攻められ、二つの被爆を体験し、兵隊ばかりか民間人まで膨大な人々を無惨に喪った体験をもつ国民です。戦争は絶対にさせてはいけませんし、させない心をもっていると思います。

それ以外のことで言えば、日本の国はこれから、今までより絶対に良くなります。将来のことを考える場合は、「良いほうに」「良いほうに」考えることです。今いろいろな変化が日本経済を襲おうとしているように見えますが、物事には必ず良い面、悪い面があります。隠された良い面を十分に生かせるように知恵を働かせ、努力すべきです。悪い面を大きくしないために何をしたらよいか考え、よりよい方向を目指せばいいと思います。

私たち中小企業は微力ですが、消費者のニーズに立った正しい商売をし、よりよい方向へと努力を重ねていけば、日本の将来を少しでも明るくすることができると思っています。

人生はすべてが真剣勝負です。どんな小さなことでも真剣に取り組むことが大切です。すべての出来事に命懸けで取り組むことが大切です。

生まれつき商売に向いている人とそうでない人がいます。生まれつき体の強い人と弱い人。スポーツに優れている人とそうでない人。ほとんどの人は得意な分野と苦手な分野を持っています。人はみな、自分の得意な仕事に就けば、必ずトップクラスになれます。ところが、九〇%以上の人がなぜか自分の得意でないほうに行っていると思います。

なぜか多くの人が、日本の国は狭いと考えています。一方、日本は広いという考え方もあります。「そんな馬鹿な」と思うかもしれませんが、間違いではありません。狭いと思う人は、アメリカやロシア、中国のような広い国を比較対照しています。逆に広いと思う人は、狭い国を対照しているのです。どちらも合っていますが、日本人にとっては、日本が広いと思っているほうが幸せです。

日本人に大切な海も入れれば、広さは世界で六番目です。

同じように、日本には資源がないと嘆く人もたくさんいます。ないと思っている人は、石油や鉄、天然ガスなど「ないもの」を探します。あると思っている人は水や海、山など日本に「あるもの」を探します。どちらも合っていますが、あるものを探すほうが数倍幸せです。

**日本という国は、絶対に今までより良くなる。すべて良いほうに考え、良いほうに努力することが将来をつくる。**

日本は考え方一つで広い国になり、資源大国になる。
肯定的なものの見方が日本を良い国にする。

# あとがき

ここまで読んでいただいたあなた様に心から感謝します。ありがとうございました。この本は私が、仕事をし、生きてきたなかで、根っことしてきた考え方、つねに心がけてきたあり方を、簡潔にわかりやすくお伝えしたいと思いまとめたものです。仕事や人生に成功するのに努力は必要ですが、決して困難ではありません。私は、自分に向いていること、本当にしたいことならよって、真摯に正しい方法を見つけ出し、自分の最善を尽くす努力をすることによって、誰もが必ず成功できると思っています。最善の努力をすることは自分を充実させ、喜びをもたらします。さあ、私と一緒に喜びを掴みましょう。

平成二十七年十一月吉日

株式会社吉寿屋会長　神吉武司

**【著者紹介】**

神吉武司（かみよし・たけし）

1941（昭和16）年、徳島県生まれ。

株式会社吉寿屋会長。

1964（昭和39）年、大阪にて菓子卸業の店を創業。その後、小売にも進出し、「お菓子のデパートよしや」を展開。現在、直営店、FC店あわせて100店舗以上を運営する。業界ナンバーワンの利益率と在庫回転率を実現、他の業界からも注目される。また、社員の励みとなるようなユニークな企画や奨励制度を次々と実施し、業界トップクラスの所得を目指す。

著書に『早起き力』『社員を幸福にする力』（PHP研究所）『商いのこころ』（元就出版社）などがある。

商いの神さまに後押しされる生き方

2015年12月1日　第1刷発行

著　者　神吉武司
発行人　濵　正史
装　幀　唯野信廣
発行所　株式会社　元就出版社
〒171-0022 東京都豊島区南池袋4-20-9
サンロードビル2F-B
TEL.03-3986-7736　FAX.03-3987-2580
振替 00120-3-31078
印刷所　中央精版印刷株式会社
※乱丁本・落丁本はお取り替えいたします。


ISBN978-4-86106-242-1　C0034

神吉武司

# 商いのこころ

## 躍進する中小企業の成功法則

中・小企業経営者が心に刻みたいキーワード。早朝出勤、どこよりも早い決済、前年より多く税金を払う努力で「稼げるシステム」と「困らないシステム」が構築できる。

■1700円+税